# 修身教科書

蔡元培 撰
杜澤遜 注

國家圖書館出版社

圖書在版編目（CIP）數據

修身教科書 / 蔡元培撰；杜澤遜注．— 北京：國家圖書館出版社，2020.8（2024.10 重印）

ISBN 978-7-5013-7006-1

Ⅰ．①修…　Ⅱ．①蔡…②杜…　Ⅲ．①品德教育—中國　Ⅳ．①D648

中國版本圖書館 CIP 數據核字（2020）第 074144 號

書　　名　修身教科書
著　　者　蔡元培　撰　杜澤遜　注
責任編輯　趙　嫄
重印編輯　閆　悦
責任校對　喬　爽
封面設計　一瓢工作室

出版發行　國家圖書館出版社（北京市西城區文津街 7 號　100034）
（原書目文獻出版社　北京圖書館出版社）
010-66114536　63802249　nlcpress@nlc.cn（郵購）
網　　址　http://www.nlcpress.com
排　　版　九章文化
印　　裝　北京金康利印刷有限公司
版次印次　2020 年 8 月第 1 版　2024 年 10 月第 2 次印刷

開　　本　710 × 1000　1/16
印　　張　13.5
字　　數　90 千字

書　　號　ISBN 978-7-5013-7006-1
定　　價　43.00 圓

版權所有　侵權必究

本書如有印裝質量問題，請與讀者服務部（010-66126156）聯繫調換。

# 整理説明

蔡元培撰《中學修身教科書》是二十世紀前半期較爲通行的修身教材。誠如該書《例言》所説：「本書悉本我國古聖賢道德之原理，旁及東西倫理學大家之學説，斟酌取舍，以求適合於今日之社會。立説務期可行，行文務期明亮。」這是一部參考西方倫理學關於修身的理論而系統總結中國傳統修身、齊家、治國、平天下思想的優秀教材。該書寫成并出版於清光緒末年，名《中學堂用修身教科書》。辛亥革命後修訂再版，改名《中學修身教科書》，連年印刷，廣爲流傳。二〇一二年山東大學創辦尼山學堂國學班，依托於儒學高等研究院，余奉命分管學堂事務，制訂課程方案，延聘教師，招收學生。二〇一五年余以「修身」一科不可少，乃業餘爲尼山學堂講授之，所用教材即蔡元培《中學修身教科書》，大受諸生歡迎。二〇一九年，山大文學院新生亦有開設此課之議，於是與尼山學堂輪流講授。這部教材用淺近文言文撰寫，語言明暢而優美。仍有個別字句出於古代經史諸子、名家詩文，今日讀者驟不易曉，因隨文注釋，以便教學。去年國家圖書館出版社總編輯殷夢霞女士、編輯趙嫄女士建議出版，作爲其他學校教學參考。因重加整理，鄭重付梓。此書在今天更適用於大學本科，因此省去書名中的「中學」二字。本書注釋文字，原添於商務印書館舊版複印本左右餘幅、字裏行間，門生王君學成代爲迻録電腦并覆核出典。查考音義，則門生韓悦女史及校經處諸君隨時相助。商務印書館舊版僅爲圈句，今由國家圖書館出版社改爲通行新式標點，余爲審訂之。原書眉欄摘標要點，今仍其舊。均此説明。整理致誤，或不能免，尚乞讀者教正。

杜澤遜

二〇二〇年二月十二日

# 例言

一、本書爲中學校修身科之用。

二、本書分上、下二篇。上篇注重實踐，下篇注重理論。修身以實踐爲要，故上篇較詳。

三、教授修身之法，不可徒令生徒依書誦習，亦不可但由教員依書講解，應就實際上之種種方面，以闡發其旨趣。或采歷史故實，或就近來時事，旁徵曲引，以起發學生之心意。本書卷帙所以較少者，正留爲教員博引旁證之餘地也。

四、本書悉本我國古聖賢道德之原理，旁及東西倫理學大家之學説，斟酌取舍，以求適合於今日之社會。立説務期可行，行文務期明亮。區區苦心，尚期鑒之。

# 目録


## 上篇

第一章　修己……三
第一節　總論……五
第二節　體育……七
第三節　習慣……一三
第四節　勤勉……一五
第五節　自制……一七
第六節　勇敢……二五
第七節　修學……三一
第八節　修德……三七
第九節　交友……四二
第十節　從師……四六
第二章　家族……四九
第一節　總論……五一
第二節　子女……五五
第三節　父母……六四
第四節　夫婦……六九
第五節　兄弟姊妹……七二
第六節　族戚及主僕……七六
第三章　社會……七九
第一節　總論……八一
第二節　生命……八七
第三節　財産……九〇
第四節　名譽……九六
第五節　博愛及公益……一〇〇
第六節　禮讓及威儀……一〇八
第四章　國家……一一三
第一節　總論……一一五
第二節　法律……一一八
第三節　租税……一二一
第四節　兵役……一二三

第五節　教育……一二四
第六節　愛國……一二六
第七節　國際及人類……一二九
**第五章　職業**……一三三
第一節　總論……一三五
第二節　傭者及被傭者……一三九
第三節　官吏……一四三
第四節　醫生……一四七
第五節　教員……一四九
第六節　商賈……一五一

## 下篇

**第一章　緒論**……一五五
**第二章　良心論**……一六一
第一節　行爲……一六三
第二節　動機……一六五
第三節　良心之體用……一六七
第四節　良心之起原……一七〇
**第三章　理想論**……一七三
第一節　總論……一七五
第二節　快樂説……一七八
第三節　克己説……一八〇
第四節　實現説……一八一
**第四章　本務論**……一八五
第一節　本務之性質及緣起……一八七
第二節　本務之區別……一九〇
第三節　本務之責任……一九二
**第五章　德論**……一九五
第一節　德之本質……一九七
第二節　德之種類……一九八
第三節　修德……一九九
**第六章　結論**……二〇三

# 上篇

# 第一章 修己

## 第一節 總論

道德

人之生也，不能無所爲，而爲其所當爲者，是謂道德。道德者，非可以猝然而襲取也，必也有理想，有方法。修身一科，即所以示其方法者也。

修己之道

夫事必有序，道德之條目，其爲吾人所當爲者同，而所以行之之方法，則不能無先後。其所謂先務者，修己之道是已。

行之於社會

吾國聖人，以孝爲百行之本。小之一人之私德，大之國民之公義，無不由是而推演之者。故曰惟孝友于兄弟[1]，施于有政。由是而行之於社會，則宜盡力於職分之所在，而於他人之生命若財産若名譽，皆護惜之，不可有所侵毀。行有餘力，則又當博

---

① 孝友：孝順父母，友愛兄弟。「惟孝友于兄弟，施于有政」二句出《論語·爲政》。原文：「子曰：《書》云：孝乎惟孝，友于兄弟，施于有政。」《詩經·小雅·六月》：「侯誰在矣，張仲孝友。」

行之於國家

愛及衆，而勉進公益。由是而行之於國家，則於法律之所定、命令之所布，皆當恪守而勿違。而有事之時，又當致身於國，公爾忘私，以盡國民之義務。是皆道德之教所範圍，爲吾人所不可不勉者也。

夫道德之方面，雖各各不同，而行之則在己。知之而不行，猶不知也。知其當行矣，而未有所以行此之素養，猶不能行也。懷邪心者，無以行正義。貪私利者，無以圖公益。未有自欺而能忠於人，自侮而能敬於人者。故道德之教，雖統各方面以爲言，而其本則在乎修己。

康强　知能　德性

修己之道不一，而以康强其身爲第一義。身不康强，雖有美意，無自而達也。康矣强矣，而不能啓其知識，練其技能，則奚擇於牛馬①？故又不可以不求知能。知識富矣，技能精矣，而不率之以德性，則適以長惡而遂非，故又不可以不養德性。是故修己之道，體育、知育、德育三者，不可以偏廢也。

---

① 奚擇於牛馬：與牛馬有什麼區別？《孟子·梁惠王上》：「王若隱其無罪而就死地，則牛羊何擇焉？」擇，區別。

## 第二節　體　育

修己以體育爲本

凡道德以修己爲本，而修己之道，又以體育爲本。

身不康强不能盡孝

忠孝，人倫之大道也，非康强之身，無以行之。人之事父母也，服勞奉養，惟力是視。羸弱而不能供職，雖有孝思奚益？况其以疾病貽父母憂乎？其於國也亦然。

身不康强不能盡忠

國民之義務，莫大於兵役。非强有力者，應徵而不及格，臨陳而不能戰①，其何能忠？且非特忠孝也。一切道德，殆皆非羸弱之人所能實行者。苟欲實踐道德，宣力國家，以盡生人之天職，其必自體育始矣。

體育與智育之關係

且體育與智育之關係，尤爲密切。西哲有言：康强之精神，必寓於康强之身體。不我欺也。苟非狂易，未有學焉而不能知、習焉而不能熟者。其能否成立，視體魄如

① 陳：通陣。

何耳。世嘗有抱非常之才，且亦富於春秋，徒以體魄孱弱，力不逮志，奄然與凡庸伍者，甚者或盛年廢學，或中道夭逝，尤可悲焉。

身體康强與家族社會國家之關係

夫人之一身，本不容以自私，蓋人未有能遺世而獨立者。無父母則無我身，子女之天職，與生俱來。其他兄弟夫婦朋友之間，亦各以其相對之地位，而各有應盡之本務。而吾身之康强與否，即關於本務之盡否。故人之一身，對於家族若社會若國家，皆有善自攝衛之責。使傲然曰：我身之不康强，我自受之，於人無與焉。斯則大謬不然者也。

衛生之概要

人之幼也，衛生之道，宜受命於父兄。及十三四歲，則當躬自注意矣。請述其概：一曰節其飲食，二曰潔其體膚及衣服，三曰時其運動，四曰時其寢息，五曰快其精神。

飲食過量之害

少壯之人，所以損其身體者，率由於飲食之無節。雖當身體長育之時，飲食之量，本不能以老人爲比例，然過量之忌則一也。使於飽食以後，尚歆於旨味而恣食之，則其損於身體，所不待言。且既知飲食過量之爲害，而一時爲食欲所迫，不及自制，且致養成不能節欲之習慣，其害尤大，不可以不慎也。

### 雜食果餌之害

少年每喜於閑暇之時，雜食果餌，以致減損其定時之餐飯，是亦一弊習。醫家謂成人之胃病，率基於是。是烏可以不戒歟？

### 飲酒之害

酒與烟，皆害多而利少。飲酒漸醉，則精神爲之惑亂，而不能自節。能慎之於始而不飲，則無慮矣。

### 吸烟之害

吸烟多始於游戲，及其習慣，則成癖而不能廢。故少年尤當戒之。烟含毒性，捲烟一枚，其所含毒分，足以斃雀二十尾。其毒性之劇如此，吸者之受害可知矣。

### 節制食欲

凡人之習慣，恒得以他習慣代之。飲食之過量，亦一習慣耳。以節制食欲之法矯之，而漸成習慣，則舊習不難盡去也。

### 清潔

清潔爲衛生之第一義，而自清潔其體膚始。世未有體膚既潔，而甘服垢污之衣者。體膚衣服潔矣，則房室庭園，自不能任其蕪穢，由是集清潔之家而爲村落、爲市邑，則不徒足以保人身之康强，而一切傳染病，亦以免焉。

且身體衣服之清潔，不徒益於衛生而已，又足以優美其儀容，而養成善良之習慣，其裨益於精神者，亦復不淺。蓋體之不潔，如蒙穢然，以是接人，亦不敬之一端。

而好潔之人，動作率有秩序，用意亦復縝密，習與性成，則有以助勤勉精明之美德。藉形體以範精神，亦繕性之良法也。

運動

運動亦衛生之要義也。所以助腸胃之消化，促血液之循環，而爽朗其精神者也。凡終日静坐偃卧而怠於運動者，身心輒爲之不快，馴致食欲漸減①，血色漸衰，而元氣亦因以消耗。是故終日勞心之人，尤不可以不運動。運動之時間，雖若靡費，而轉爲勤勉者所不可吝，此亦猶勞作者之不能無休息也。

游散

游歷

凡人當精神抑鬱之時，觸物感事，無一當意，大爲學業進步之阻力。此雖半由於性癖，而身體機關之不調和，亦足以致之。時而游散山野，呼吸新空氣，則身心忽爲之一快，而精進之力頓增。當春夏假期，游歷國中名勝之區，此最有益於精神者也。

運動不可無節

是故運動者，所以助身體機關之作用，而爲勉力學業之預備，非所以恣意而縱情也。故運動如飲食然，亦不可以無節。而學校青年，於蹴鞠競渡之屬，投其所好，則不

① 馴致：逐漸達到。《周易·坤》象傳：「馴致其道，至堅冰也。」

惜注全力以赴之，因而毁傷身體，或釀成疾病者，蓋亦有之，此則失運動之本意矣。

### 睡眠

凡勞動者，皆不可以無休息。睡眠，休息之大者也，宜無失時，而少壯尤甚。世或有勤學太過、夜以繼日者，是不可不戒也。睡眠不足，則身體爲之衰弱，而馴致疾病，即幸免於是，而其事亦無足取。何則？睡眠不足者，精力既疲，即使終日研求，其所得或尚不及起居有時者之半，徒自苦耳。惟睡眠過度，則亦足以釀惰弱之習，是亦不可不知者。

### 精神

精神者，人身之主動力也。精神不快，則眠食不適，而血氣爲之枯竭，形容爲之憔悴，馴以成疾，是亦衛生之大忌也。夫順逆無常，哀樂迭生，誠人生之常事。然吾人務當開豁其胸襟，清明其神志，即有不如意事，亦當隨機順應，而不使留滯於意識之中，則足以涵養精神，而使之無害於康强矣。

康强身體之道，大略如是。夫吾人之所以斤斤於是者，豈欲私吾身哉？誠以吾身者，固對於家族若社會若國家，而有當盡之義務者也。乃昧者，或以情欲之感、睚眦

**自殺之罪**

**殺身成仁**

之忿①，自殺其身，罪莫大焉。彼或以一切罪惡，得因自殺而消滅，是亦以私情没公義者。惟志士仁人，殺身成仁，則誠人生之本務，平日所以愛惜吾身者，正爲此耳。彼或以衣食不給，且自問無益於世，乃以一死自謝，此則情有可憫，而其薄志弱行，亦可鄙也。人生至此，要當百折不撓，排艱阻而爲之，精神一到，何事不成？見險而止者，非夫也。

---

① 睚眦：音yázì，怒目而視。《史記·范雎列傳》：「一飯之德必償，睚眦之怨必報。」睚眦之忿，指小怨小忿。

## 第三節　習慣

習慣爲第二之天性

習慣者，第二之天性也。其感化性格之力，猶朋友之於人也。人心隨時而動，應物而移，執毫而思書，操縵而欲彈①，凡人皆然，而在血氣未定之時爲尤甚。其於平日親炙之事物②，不知不覺，浸潤其精神，而與之爲至密之關係，所謂習與性成者也。故

習慣不可不慎

習慣之不可不慎，與朋友同。

北美洲罪人

江河成於涓流，習慣成於細故。昔北美洲有一罪人，臨刑慨然曰：吾所以羅兹罪者，由少時每日不能决然蚤起故耳。夫蚤起與否，小事也，而此之不决，養成因循苟且之習，則一切去惡從善之事，其不决也猶是，是其所以陷於刑戮也。是故事不在小，苟其反覆數四，養成習慣，則其影響至大，其於善否之間，烏可以不慎乎？第使平日

① 操縵：調弦。

② 親炙：親，近。炙，烤。親炙，親近而受熏陶。

道德之本在卑近

禮儀能造就習慣

注意於善否之界，而養成其去彼就此之習慣，則將不待勉强，而自進於道德。道德之本，固不在高遠而在卑近也。自灑埽應對進退，以及其他一事一物一動一静之間，無非道德之所在。彼夫道德之標目，曰正義，曰勇往，曰勤勉，曰忍耐，要皆不外乎習慣耳。

禮儀者，交際之要，而大有造就習慣之力。夫心能正體，體亦能制心。是以平日端容貌，正顔色，順辭氣，則妄念無自而萌，而言行之忠信篤敬，有不期然而然者。孔子對顔淵之問仁，而告以非禮勿視，非禮勿聽，非禮勿言，非禮勿動。由禮而正心，誠聖人之微旨也。彼昧者，動以禮儀爲虚飾，袒裼披猖①，號爲率真，而不知威儀之不攝，心亦隨之而化，漸摩既久，則放僻邪侈②，不可收拾，不亦謬乎。

① 袒裼：袒，脱去上衣，露出上身。裼，音xī，解開或脱去外衣，露出内衣。《孟子·公孫丑上》：「爾爲爾，我爲我，雖袒裼裸裎於我側，爾焉能浼我哉。」裸裎，赤身露體。浼，音měi，污。披猖：猖狂。

② 放僻邪侈：放縱。《孟子·梁惠王下》：「苟無恒心，放辟邪侈，無不爲已。」

## 第四節 勤勉

勤勉爲良習慣

怠惰爲衆惡之母

幸福由勤勉而生

勤勉者，良習慣之一也。凡人所勉之事，不能一致，要在各因其地位境遇，而盡力於其職分，是亦爲涵養德性者所不可缺也。凡勤勉職業，則習於順應之道，與節制之義，而精細忍耐諸德，亦相因而來。蓋人性之受害，莫甚於怠惰。怠惰者，衆惡之母。古人稱小人閑居爲不善，蓋以此也。不惟小人也，雖在善人，苟其飽食終日，無所事事，則必由佚樂而流於游惰。於是鄙猥之情、邪僻之念，乘間竊發，馴致滋漫而難圖矣。此學者所當戒也。

人之一生，凡德行、才能、功業、名譽、財産，及其他一切幸福，未有不勤勉而可坐致者。人生之價值，視其事業而不在年壽。嘗有年登期耋①，而悉在醉生夢死之中，

① 期耋：期，百歲。《禮記·曲禮上》：「百年曰期。」耋，音dié，年老。《詩經》毛亨傳、《説文解字》、《爾雅》郭璞注皆云八十曰耋。

人皆忘其爲壽。亦有中年喪逝，而樹立卓然，人轉忘其爲夭者。是即勤勉與不勤勉之別也。夫桃梨李栗，不去其皮，不得食其實。不勤勉者，雖小利亦無自而得。自昔成大業、享盛名，孰非有過人之勤力者乎？世非無以積瘁喪其身者，然較之汩没於佚樂者①，僅十之一二耳。勤勉之效，蓋可睹矣。

① 汩没：埋没。汩，音gǔ。唐杜甫《贈陳二補闕》：「世儒多汩没，夫子獨聲名。」

## 第五節 自制

情欲

節制情欲

體欲

自制者，節制情欲之謂也。情欲本非惡名，且高尚之志操、偉大之事業，亦多有發源於此者。然情欲如駿馬然，有善走之力，而不能自擇其所向。使不加控御，而任其奔逸，則不免陷於溝壑，撞於岩墻，甚或以是而喪其生焉。情欲亦然，苟不以明清之理性，與堅定之意志節制之，其害有不可勝言者。不特一人而已，苟舉國民而爲情欲之奴隸，則夫政體之改良、學藝之進步，皆不可得而期，而國家之前途，不可問矣。此自制之所以爲要也。

自制之目有三：節體欲，一也。制欲望，二也。抑熱情，三也。

飢渴之欲，使人知以時飲食，而榮養其身體。其於保全生命、振作氣力，所關甚大。然耽於厚味而不知饜飫①，則不特妨害身體，且將汩没其性靈，昏惰其志氣，以

① 饜飫：音yànyù，飽。

釀成放佚奢侈之習。況如沉湎於酒，荒淫於色，貽害尤大，皆不可不以自制之力豫禁之。

欲望

欲望者，尚名譽、求財産、赴快樂之類是也。人無欲望，即生涯甚覺無謂。故欲望之不能無，與體欲同，而其過度之害亦如之。

驕之害

諂之害

豹死留皮，人死留名①。尚名譽者，人之美德也。然急於聞達，而不顧其他，則流弊所至，非驕則諂。驕者，務揚己而抑人，則必强不知以爲知，訑訑然拒人於千里之外②，徒使智日昏，學日退，而虚名終不可以久假。即使學識果已絶人，充其驕矜之氣，或且凌父兄而傲長上，悖亦甚矣。諂者，務屈身以徇俗，則且爲無非無刺

---

① 豹死留皮，人死留名：《新五代史・王彦章傳》：「彦章武人不知書，常爲俚語謂人曰：『豹死留皮，人死留名。』」

② 訑訑，音yíyí。《孟子・告子下》：「訑訑之聲音顔色，距人於千里之外。」漢趙岐注：「訑訑者，自足其智，不嗜善言之貌。」

之行①，以雷同於污世②，雖足竊一時之名，而不免爲識者所竊笑。是皆不能自制之咎也。

小之一身獨立之幸福，大之國家富强之基礎，無不有藉於財産。財産之增殖，誠人生所不可忽也。然世人徒知增殖財産，而不知所以用之之道，則雖藏鏹百萬③，徒爲守錢虜耳。而矯之者，又或靡費金錢，以縱耳目之欲，是皆非中庸之道也。蓋財産之所以可貴，爲其有利己利人之用耳。使徒事蓄積，而不知所以用之，則無益於己，亦無裨於人，與赤貧者何異？且積而不用者，其於親戚之窮乏、故舊之飢寒，皆將坐視而不救，不特愛憐之情浸薄，而且廉耻之心無存。當與而不與，必且不當取而取，私買竊賊之贜，重取債家之息，凡喪心害理之事，皆將行之無忌，而馴致不齒於人類。

① 無非無刺：没有非議，没有指責。不能堅持正義。刺，非議，批評。《孟子·盡心下》：「非之無舉也，刺之無刺也。同乎流俗，合乎污世。居之似忠信，行之似廉絜。衆皆悦之，自以爲是，而不可與入堯舜之道。故曰『德之賊』也。」

② 雷同：不當相同而相同。《禮記·曲禮上》：「毋勦説，毋雷同。」

③ 鏹：音qiǎng，錢貫。晋左思《蜀都賦》：「貨殖私庭，藏鏹巨萬。」

鄙吝之弊

奢侈之弊

此鄙吝之弊，誠不可不戒也。顧知鄙吝之當戒矣，而矯枉過正，義取而悖與①，寡得而多費，則且有喪產破家之禍。既不能自保其獨立之品位，而於忠孝慈善之德，雖欲不放弃而不能。成效無存，百行俱廢。此奢侈之弊，亦不必遜於鄙吝也。二者實皆欲望過度之所致。折二者之衷，而中庸之道出焉，謂之節儉。

節儉

節儉者，自奉有節之謂也。人之處世也，既有貴賤上下之别，則所以持其品位而全其本務者，固各有其度，不可以執一而律之，要在適如其地位境遇之所宜，而不逾其度耳。飲食不必多，足以果腹而已。輿服不必善，足以備禮而已。紹述祖業，勤勉不怠，以其所得，撙節而用之②，則家有餘財，而可以恤他人之不幸，爲善如此，不亦樂乎？且節儉者必寡欲，寡欲則不爲物役，然後可以養德性，而完人道矣。

寡欲則不爲物役

奢儉與國家之關係

家人皆節儉，則一家齊。國人皆節儉，則一國安。蓋人人以節儉之故，而貲產豐

① 義取而悖與：義取，少拿。悖，音bó，通勃，盛也。悖與，多給與。

② 撙節：節省。撙，音zǔn。《管子·五輔》：「節飲食，撙衣服，則財用足。」《禮記·曲禮上》：「是以君子恭敬撙節退讓以明禮。」

裕，則各安其堵①、敬其業，愛國之念，油然而生。否則奢侈之風瀰漫，人人濫費無節，將救貧之不暇，而遑恤國家。且國家以人民爲分子，亦安有人民皆窮，而國家不疲苶者②。自古國家，以人民之節儉興，而以其奢侈敗者，何可勝數！如羅馬之類是已。

**善享快樂**

愛快樂，忌苦痛，人之情也。人之行事，半爲其所驅迫，起居動作，衣服飲食，蓋鮮不由此者。凡人情可以徐練，而不可以驟禁。昔之宗教家，常有背快樂而就刻苦者，適足以戕賊心情，而非必有裨於道德。人苟善享快樂，適得其宜，亦烏可厚非者。其活潑精神，鼓舞志氣，乃足爲勤勉之助。惟蕩者流而不返，遂至放弃百事，斯則不可不戒耳。

**不快莫甚於欲望過度**

快樂之適度，言之非艱，而行之維艱。惟時時注意，勿使太甚，則庶幾無大過矣。古人有言：歡樂極兮哀情多③。世間不快之事，莫甚於欲望之過度者。當此之時，不特

① 堵：垣墻。

② 苶：音nié，疲倦。《莊子·齊物論》：「苶然疲役而不知其所歸。」

③ 歡樂極兮哀情多：漢武帝《秋風辭》句。

無活潑精神、振作志氣之力，而且足以召疲勞、增疏懶，甚且悖德非禮之行，由此而起焉。世之墮品行而冒刑辟者，每由於快樂之太過，可不慎歟！

熱情

人，感情之動物也。遇一事物，而有至劇之感動，則情爲之移，不遑顧慮，至忍擲對己對人一切之本務，而務達其目的，是謂熱情。熱情既現，苟非息心靜氣，以求其是非利害之所在，而有以節制之，則縱心以往，恒不免陷身於罪戾。此亦非熱情之罪，而不善用者之責也。利用熱情，而統制之以道理，則猶利用蒸氣，而承受以精巧之機關，其勢力之强大，莫能禦之。

忿怒

熱情之種類多矣，而以忿怒爲最烈。盛怒而欲泄，則死且不避，與病狂無異。是以忿怒者之行事，其貽害身家而悔恨不及者，常十之八九焉。

怯弱之行

忿怒亦非惡德，受侮辱於人，而不敢與之校，是怯弱之行，而正義之士之所耻也。當怒而怒，亦君子所有事。然而逞忿一朝，不顧親戚，不恕故舊，辜恩誼，背理性，以釀暴亂之舉，而貽終身之禍者，世多有之。

養成忍耐之力

宜及少時養成忍耐之力，即或怒不可忍，亦必先平心而察之，如是則自無失當之忿怒，而詬詈鬥毆之舉，庶乎免矣。

### 對人之道

忍耐者，交際之要道也。人心之不同如其面，苟於不合吾意者而輒怒之，則必至父子不親、夫婦反目、兄弟相鬩①，而朋友亦有凶終隙末之失②，非自取其咎乎？故對人之道，可以情恕者恕之，可以理遣者遣之。孔子曰：躬自厚而薄責於人③。即所以養成忍耐之美德者也。

### 傲慢

忿怒之次曰傲慢，曰嫉妒，亦不可不戒也。傲慢者，挾己之長，而務以凌人。嫉妒者，見己之短，而轉以尤人。此皆非實事求是之道也。夫盛德高才，誠於中則形於外。雖其人抑然不自滿，而接其威儀者，畏之象之④，自不容已。若乃不循其本，而摹擬剽

---

① 兄弟相鬩：鬩，音xì，鬥。《詩經·小雅·常棣》小序：「兄弟鬩于墻，外禦其務。」漢鄭玄箋：「務，侮也。」

② 凶終隙末：朋友間的友誼不能善終。《後漢書·王丹傳》：「張、陳凶其終，蕭、朱隙其末。」張耳、陳餘初爲刎頸交，後構隙。蕭育、朱博二人爲友，著聞當代，後有隙不終。見唐李賢注。四人皆西漢人。

③ 躬自厚而薄責於人：見《論語·衛靈公》。義爲對自己要求多，對別人要求少。

④ 象：摹仿，學習。《尚書·微子之命》：「惟稽古，崇德象賢。」象賢，謂學習賢者。

**嫉妒**

竊以自炫，則可以欺一時，而不能持久。其凌蔑他人，適以自暴其鄙劣耳。至若他人之才識聞望，有過於我，我愛之重之，察我所不如者而企及之可也。不此之務，而重以嫉妒①，於我何益？其愚可笑，其心尤可鄙也。

情欲之不可不制，大略如是。顧制之之道，當如何乎？情欲之盛也，往往非理義之力所能支，非利害之説所能破，而惟有以情制情之一策焉。

**以情制情**

以情制情之道奈何？當忿怒之時，則品弄絲竹以和之。當抑鬱之時，則登臨山水以解之。於是心曠神怡，爽然若失，回憶忿怒抑鬱之態，且自覺其無謂焉。

**制情之善法**

情欲之熾也，如燎原之火，不可嚮邇，而移時則自衰，此其常態也。故自制之道，在養成忍耐之習慣。當情欲熾盛之時，忍耐力之强弱，常爲人生禍福之所繫，所争在頃刻間耳。昔有某氏者，性卞急②，方盛怒時，恒將有非禮之言動，幾不能自持，則口占數名，自一至百，以抑制之。其用意至善，可以爲法也。

---

① 重：音zhòng，增益。

② 卞急：急躁。《左傳·定公三年》：「莊公卞急而好潔。」晋杜預注：「卞，躁疾也。」

人生學業非輕易得之

勇敢不在體力

# 第六節　勇敢

勇敢者，所以使人耐艱難者也。人生學業，無一可以輕易得之者。當艱難之境而不屈不沮①，必達而後已，則勇敢之效也。

所謂勇敢者，非體力之謂也。如以體力，則牛馬且勝於人。人之勇敢，必其含智德之原質者，恒於其完本務、彰真理之時見之。曾子曰：自反而縮，雖千萬人，吾往矣②。是則勇敢之本義也。

求之歷史，自昔社會人文之進步，得力於勇敢者爲多。蓋其事或爲豪强所把持，或爲流俗所習慣，非排萬難而力支之，則不能有爲。故當其衝者，非不屈權勢之道德家，則必不徇嬖幸之愛國家；非不阿世論之思想家，則必不溺私欲之事業家。其人率

① 沮：音jǔ，止。

② 自反而縮，雖千萬人，吾往矣：語出《孟子·公孫丑上》。漢趙岐注：「自省有義，雖敵家千萬人，我直往突之。」縮，直，正義。

蘇格拉底
百里諾
加里沙

皆發强剛毅，不戁不悚①。其所見爲善爲真者，雖遇何等艱難，決不爲之氣沮。不觀希臘哲人蘇格拉底乎？彼所持哲理，舉世非之而不顧，被異端左道之名而不惜，至仰毒以死而不改其操，至於今偉之。又不觀意大利碩學百里諾及加里沙乎②？百氏痛斥當代僞學，遂被焚死。其就戮也，從容顧法吏曰：公等今論余以死，余知公等之恐怖，蓋有甚於余者。加氏始倡地動説，當時教會怒其戾教旨，下之獄，而加氏不爲之屈。是皆學者所傳爲美譚者也。若而人者③，非特學識過人，其殉於所信而百折不回，誠有足多者。雖其身窮死於縲紲之中④，而聲名洋溢，傳之百世而不衰，豈與夫屈節回志，

---

① 不戁不悚：戁，音nǎn，恐懼。悚，亦恐懼義。《詩經・商頌・長發》：「不戁不竦，百禄是總。」竦，音sǒng，通悚。

② 百里諾：今譯作「布魯諾」。加里沙：今譯作「伽利略」。

③ 若而人：《左傳・襄公十二年》：「天子求后於諸侯。諸侯對曰：『夫婦所生若而人，妾婦之子若而人。』無女而有姊妹及姑姊妹，則曰：『先守某公之遺女若而人。』」清王引之《經傳釋詞》：「若而者，不定之詞也。」此「若而人」猶言「那種人」。

④ 縲紲：音léixiè，繩索，指監獄。《論語・公冶長》：「子謂公冶長可妻也，雖在縲紲之中，非其罪也。」

逆境

不能果斷之咎

獨立

獨立非離群索居

忽理義而徇流俗者，同日而語哉？

人之生也，有順境，即不能無逆境。逆境之中，跋前疐後①，進退維谷②，非以勇敢之氣持之，無由轉禍而爲福，變險而爲夷也。且勇敢亦非待逆境而始著，當平和無事之時，亦能表見而有餘。如壹於職業，安於本分，不誘惑於外界之非違，皆是也。

人之染惡德而招禍害者，恒由於不果斷。知其當爲也，而不敢爲。知其不可不爲也，而亦不敢爲。誘於名利而喪其是非之心。皆不能果斷之咎也。至乃虛炫才學，矯飾德行，以欺世而凌人，則又由其無安於本分之勇，而入此歧途耳。

勇敢之最著者爲獨立。獨立者，自盡其職而不倚賴於人是也。人之立於地也，恃己之足，其立於世也亦然。以己之心思慮之，以己之意志行之，以己之資力營養之，必如是而後爲獨立，亦必如是而後得謂之人也。夫獨立，非離群索居之謂。人之生也，

① 跋前疐後：跋，跌倒。疐，音zhì，跌倒。《詩經・豳風・狼跋》：「狼跋其胡，載疐其尾。」漢毛亨傳：「老狼有胡，進則躐其胡，退則跲其尾，進退兩難。」躐，音liè，踐踏。跲，音jiá，絆倒。

② 進退維谷：進退兩難。《詩經・大雅・桑柔》：「人亦有言，進退維谷。」谷，山谷，喻困境。

集而爲家族，爲社會，爲國家，烏能不互相扶持，互相挹注①，以共圖團體之幸福。而要其交互關係之中，自一人之方面言之，各盡其對於團體之責任，不失其爲獨立也。

獨立非矯情立異

獨立亦非矯情立異之謂。不問其事之曲直利害，而一切拂人之性以爲快，是頑冥耳。與夫不問曲直利害，而一切徇人意以爲之者奚擇焉。

真獨立

惟不存成見，而以其良知爲衡，理義所在，雖芻蕘之言②，猶虛己而納之，否則雖王公之命令、賢哲之緒論，亦拒之而不憚，是之謂真獨立。

獨立之要有三：一曰自存，二曰自信，三曰自決。

自存

生計者，萬事之基本也。人苟非獨立而生存，則其他皆無足道。自力不足，庇他人而糊口者，其卑屈固無足言。至若窺人鼻息，而以其一顰一笑爲憂喜，信人之所信而不敢疑，好人之所好而不敢忤，是亦一贅物耳。是皆不能自存故也。

---

① 挹注：《詩經·大雅·泂酌》：「泂酌彼行潦，挹彼注茲。」泂，音jiǒng，遠。潦，音lǎo，大水。漢鄭玄箋：「遠酌取之，投大器之中。」此指財物挪移通融。

② 芻蕘：音chúráo，割草打柴的人。《詩經·大雅·板》：「先民有言，詢于芻蕘。」

**自信**

人於一事，既見其理之所以然而信之，則雖事變萬狀，苟其所以然之理如故，則吾之所信亦如故，是謂自信。在昔曠世大儒，所以發明真理者，固由其學識宏遠，要亦其自信之篤，不爲權力所移，不爲俗論所動，故歷久而其理大明耳。

**自決**

凡人當判決事理之時，而俯仰隨人，不敢自主，此亦無獨立心之現象也。夫智見所不及，非不可咨詢於師友，惟臨事遲疑，隨人作計，則鄙劣之尤焉。

要之，無獨立心之人，恒不知自重。既不自重，則亦不知重人。此其所以損品位而傷德義者大矣。苟合全國之人而悉無獨立心，乃冀其國家之獨立而鞏固，得乎？

**義勇**

勇敢而協於義，謂之義勇。暴虎馮河①，盜賊猶且能之，此血氣之勇，何足選也。

① 暴虎馮河：暴，音bào，暴虎，空手搏虎。馮，音píng，馮河，徒步涉河。《詩經・鄭風・大叔于田》：「襢裼暴虎，獻于公所。」漢毛亨傳：「暴虎，空手以搏之。」《詩經・小雅・小旻》：「不敢暴虎，不敢馮河。」《論語・述而》：「暴虎馮河，死而無悔者，吾不與也。」

無適無莫，義之與比①，毀譽不足以淆之，死生不足以脅之，則義勇之謂也。

義勇之中，以貢於國家者爲最大。人之處斯國也，其生命，其財産，其名譽，能不爲人所侵毀，而仰事俯畜②，各適其適者，無一非國家之賜。且亦非僅吾一人之關係，實承之於祖先，而又將傳之於子孫，以至無窮者也。故國家之急難，視一人之急難，不啻倍蓰而已。於是時也，吾即舍吾之生命、財産，及其一切以殉之，苟利國家，非所惜也，是國民之義務也。使其人學識雖高，名位雖崇，而國家有事之時，首鼠兩端，不敢有爲，則大節既虧，萬事瓦裂，騰笑當時，遺羞後世，深可懼也。是以平日必持煉意志，養成見義勇爲之習慣，則能盡國民之責任，而無負於國家矣。

然使義與非義，非其知識所能別，則雖有尚義之志，而所行輒與之相畔③，是則學問不足，而知識未進也。故人不可以不修學。

① 無適無莫，義之與比：適，音dí。《論語・里仁》：「君子之於天下也，無適也，無莫也，義之與比。」宋邢昺疏：「適，厚也。莫，薄也。比，親也。言君子於天下之人，無擇於富貴與窮薄者，但有義者，則與相親也。」

② 仰事俯畜：畜，音xù。《孟子・梁惠王上》：「必使仰足以事父母，俯足以畜妻子。」

③ 畔：通叛，違背。

## 第七節 修學

身體壯佼，儀容偉岸，可以爲賢乎？未也。居室崇閎，被服錦綉，可以爲美乎？未也。人而無知識，則不能有爲，雖矜飾其表，而鄙陋齷齪之狀，寧可掩乎？

知識與道德之關係

知識與道德，有至密之關係。道德之名尚矣，要其歸，則不外避惡而行善。苟無知識以辨善惡，則何以知惡之不當爲，而善之當行乎？知善之當行而行之，知惡之不當爲而不爲，是之謂真道德。世之不忠不孝、無禮無義、縱情而亡身者，其人非必皆惡逆悖戾也，多由於知識不足，而不能辨別善惡故耳。

尋常道德，有尋常知識之人，即能行之。其高尚者，非知識高尚之人，不能行也。是以自昔立身行道、爲百世師者，必在曠世超俗之人，如孔子是已。

知識人事之本

知識者，人事之基本也。人事之種類至繁，而無一不有賴於知識。近世人文大開，風氣日新，無論何等事業，其有待於知識也益殷。是以人無貴賤，未有可以不就學者。

且知識，所以高尚吾人之品格也。知識深遠，則言行自然温雅而動人歆慕。蓋是非之理，既已瞭然，則其發於言行者，自無所凝滯，所謂誠於中形於外也。彼知識不足者，目能睹日月，而不能見理義之光；有物質界之感觸，而無精神界之訢合①，有近憂而無遠慮。胸襟之隘如是，其言行又烏能免於卑陋歟？

**知識與國家之關係**

知識之啓發也，必由修學。修學者，務博而且精者也。自人文進化，而國家之貧富强弱，與其國民學問之深淺爲比例。彼歐美諸國，所以日闢百里、虎視一世者，實由其國中碩學專家，以理學、工學之知識，開殖産興業之端，鍥而不已，成此實效。是故文明國所恃以競争者，非武力而智力也。方今海外各國，交際頻繁，智力之競争，日益激烈。爲國民者，烏可不勇猛精進，旁求知識，以造就爲國家有用之材乎？

修學之道有二：曰耐久，曰愛時。

**耐久**

錦綉所以飾身也，學術所以飾心也。錦綉之美，有時而敝。學術之益，終身享之，

① 訢合：訢，音xī，訢合，和氣交感。《禮記·樂記》：「天地訢合，陰陽相得。」漢鄭玄注：「訢，讀爲熹，熹猶蒸也。」唐孔穎達疏：「言樂感動天地之氣，是使二氣蒸動，則天氣下降，地氣上騰。」

物愈貴得愈難

古今碩學之耐久

後世誦之，其可貴也如此。凡物愈貴，則得之愈難，曾學術之貴①，而可以淺涉得之乎？是故修學者，不可以不耐久。

凡少年修學者，其始鮮或不勤，未幾而惰氣乘之，有不暇自省其功候之如何，而咨嗟於學業之難成者。豈知古今碩學，大抵抱非常之才，而又能精進不已，始克抵於大成，況在尋常之人，能不勞而獲乎？而不能耐久者，乃欲以窮年莫殫之功，責效於旬日。見其未效，則中道而廢，如弃敝屣然。如是，則雖薄技微能，爲庸衆所可跂者②，亦且百涉而無一就。況於專門學藝，其義理之精深、範圍之博大，非專心致志，不厭不倦，必不能窺其涯涘，而乃鹵莽滅裂③，欲一蹴而幾之，不亦妄乎？

---

① 曾：音zēng，怎，豈。

② 跂：音qǐ，提起脚後跟站着。《詩經·衛風·河廣》：「誰謂河廣，一葦杭之。誰謂宋遠，跂予望之。」謂極易到達。

③ 鹵莽滅裂：粗疏草率。《莊子·則陽》：「君爲政焉勿鹵莽，治民焉勿滅裂。昔予爲禾，耕而鹵莽之，則其實亦鹵莽而報予。芸而滅裂之，其實亦滅裂而報予。」

愛時

朱子之言

盜時之賊

讀書爲有效

莊生有言：吾生也有涯，而知也無涯①。夫以有涯之生，修無涯之學，固常苦不及矣。自非惜分寸光陰，不使稍縻於無益，鮮有能達其志者。故學者尤不可以不愛時。少壯之時，於修學爲宜，以其心氣尚虛，成見不存也。及是時而勉之，所積之智，或終身應用而有餘。否則以有用之時間，養成放僻之習慣，雖中年悔悟，痛自策勵，其所得蓋亦僅矣。朱子有言曰：勿謂今日不學而有來日，勿謂今年不學而有來年。日月逝矣，歲不吾延。嗚呼老矣，是誰之愆②？其言深切著明，凡少年不可不三復也。時之不可不愛如此，是故人不特自愛其時，尤當爲人愛時。嘗有詣友終日，游談不經，荒其職業，是謂盜時之賊，學者所宜戒也。

修學者，固在入塾就師，而尤以讀書爲有效。蓋良師不易得，藉令得之，而親炙之時，自有際限，要不如書籍之惠我無窮也。

人文漸開，則書籍漸富，歷代學者之著述，汗牛充棟，固非一人之財力所能盡致，

① 吾生也有涯，而知也無涯：見《莊子·養生主》。
② 「勿謂」至「之愆」：見宋朱熹《勸學文》。

讀書宜擇有益者

修普通學者以課程爲本

修專門學者當擇合程度之書

朋友之益

非善疑不能得真信

而亦非一人之日力所能遍讀，故不可不擇其有益於我者而讀之。讀無益之書，與不讀等，修學者宜致意焉。

凡修普通學者，宜以平日課程爲本，而讀書以助之。苟課程所受，研究未完，而漫焉多讀雜書，則雖有所得，亦泛濫而無歸宿。且課程以外之書，亦有先後之序，此則修專門學者，尤當注意。苟不自量其知識之程度，取高遠之書而讀之，以不知爲知，沿訛襲謬，有損而無益。即有一知半解，沾沾自喜，而亦終身無會通之望矣。夫書無高卑，苟瞭徹其義，則雖至卑近者，亦自有無窮之興味。否則徒震於高尚之名，而以不求甚解者讀之，何益？行遠自邇，登高自卑，讀書之道，亦猶是也。未見之書，詢於師友而抉擇之，則自無不合程度之慮矣。

修學者得良師，得佳書，不患無進步矣，而又有資於朋友。休沐之日，同志相會，凡師訓所未及者、書義之可疑者，各以所見，討論而闡發之，其互相爲益者甚大。有志於學者，其務擇友哉。

學問之成立在信，而學問之進步則在疑。非善疑者，不能得真信也。讀古人之

真知識

懷疑之過

書，聞師友之言，必内按諸心，求其所以然之故。或不可得，則輾轉推求，必逮心知其意，毫無疑義而後已，是之謂真知識。若乃人云亦云，而無獨得之見解，則雖博聞多識，猶書簏耳，無所謂知識也。至若預存成見，凡他人之説，不求其所以然，而一切與之反對，則又懷疑之過，殆不知學問爲何物者。蓋疑義者，學問之作用，非學問之目的也。

## 第八節 修德

德性

人之所以異於禽獸者，以其有德性耳。當爲而爲之之謂德，爲諸德之源。而使吾人以行德爲樂者之謂德性。體力也，知能也，皆實行道德者之所資。然使不率之以德性，則猶有精兵而不以良將將之，於是剛强之體力，適以資横暴；卓越之知能，或以助姦惡，豈不惜歟？

德性之基本，一言以蔽之曰：循良知。一舉一動，循良知所指，而不挾一毫私意於其間，則庶乎無大過，而可以爲有德之人矣。今略舉德性之概要如左：

信義

德性之中，最普及於行爲者，曰信義。信義者，實事求是，而不以利害生死之關係枉其道者也。社會百事，無不由信義而成立。苟蔑弃信義之人，遍於國中，則一國之名教風紀，掃地盡矣。孔子曰：言忠信，行篤敬，雖蠻貊之邦行矣①。言信義之可尚

①「言忠信」三句：見《論語·衛靈公》。貊，音mò。蠻貊，指少數民族。

也。人苟以信義接人，毫無自私自利之見，而推赤心於其腹中，雖暴戾之徒，不敢忤焉。否則不顧理義，務挾詐術以遇人，則雖温厚篤實者，亦往往報我以無禮。西方之諺曰：正直者，上乘之機略。此之謂也。世嘗有牢籠人心之僞君子，率不過取售一時，及一旦敗露，則人亦不與之齒矣。

妄語

入信義之門，在不妄語而無爽約。少年癖嗜新奇，往往背事理真相，而構造虛僞之言，冀以聳人耳目。行之既久，則雖非戲謔談笑之時，而不知不覺，動參妄語，其言遂不能取信於他人。蓋其言真僞相半，是否之間，甚難判別，誠不如不信之爲愈也。故妄語不可以不戒。

爽約

意外之爽約

凡失信於發言之時者爲妄語，而失信於發言以後者爲爽約。二者皆喪失信用之道也。有約而不踐，則與之約者，必致糜費時間，貽誤事機，而大受其累。故其事苟至再至三，則人將相戒不敢與共事矣。如是，則雖置身人世，而枯寂無聊，直與獨栖沙漠無異，非自苦之尤乎？顧世亦有本無爽約之心，而迫於意外之事，使之不得不如是者。如與友人有游散之約，而猝遇父兄罹疾，此其輕重緩急之間，不言可喻，苟舍父

**通信以解約**

兄之急，而局局於小信，則反爲悖德，誠不能弃此而就彼。然後起之事，苟非促促無須臾暇者，亦當通信於所約之友，而告以其故，斯則雖不踐言，未爲罪也。

**立約宜慎**

又有既經要約，旋悟其事之非理，而不便遂行者，亦以解約爲是。此其爽約之罪，乃原因於始事之不慎。故立約之初，必確見其事理之不謬，而自審材力之所能及，而後決定焉。《中庸》曰：言顧行，行顧言①。此之謂也。

**慎言**

言爲心聲，而人之處世，要不能稱心而談，無所顧忌。苟不問何地何時，與夫相對者之爲何人，而輒以己意喋喋言之，則不免取厭於人。且或炫己之長，揭人之短，則於己既爲失德，於人亦適以招怨。至乃訐人陰私②，稱人舊惡，使聽者無地自容，則言出而禍隨者，比比見之。人亦何苦逞一時之快，而自取其咎乎？

---

① 言顧行，行顧言：漢鄭玄注：「言行相應。」

② 訐：音jié，揭人隱私。《論語·陽貨》：「惡不遜以爲勇者，惡訐以爲直者。」

交際之道，莫要於恭儉①。恭儉者，不放肆、不僭濫之謂也。人間積不相能之故②，恒起於一時之惡感。應對酬酢之間，往往有以傲慢之容色，輕薄之辭氣，而激成凶隙者。在施者未必有意以此侮人，而要其平日不恭不儉之習慣，有以致之。欲矯其弊，必循恭儉，事尊長、交朋友，所不待言。而於始相見者，尤當注意。即其人過失昭著而不受盡言，亦不宜以意氣相臨，第和色以諭之，婉言以導之，赤心以感動之，如是而不從者鮮矣。不然，則倨傲偃蹇③，君子以爲不可與言，而小人以爲鄙己，蓄怨積憤，鮮不藉端而開釁者，是不可不慎也。

不觀事父母者乎，婉容愉色以奉朝夕，雖食不重肉，衣不重帛，父母樂之。其或色不愉，容不婉，雖錦衣玉食，未足以悦父母也。交際之道亦然，苟容貌辭令，不失恭儉之旨，則其他雖簡，而人不以爲忤。否則即鋪張揚厲，亦無效耳。

① 儉：謙遜。

② 不相能：不和睦。

③ 偃蹇：音yǎnjiǎn，傲慢。

恭儉所以保聲名富貴

名位愈高，則不恭不儉之態易萌，而及其開罪於人也，得禍亦尤烈。故恭儉者，即所以長保其聲名富貴之道也。

卑屈

恭儉與卑屈異，卑屈之可鄙，與恭儉之可尚，適相反焉。蓋獨立自主之心，爲人生所須臾不可離者。屈志枉道以迎合人，附和雷同，闇然媚世①，是皆卑屈，非恭儉也。

謙遜

謙遜者，恭儉之一端，而要其人格之所係，則未有可以受屈於人者。宜讓而讓，宜守而守，則恭儉者所有事也。

禮儀

禮儀，所以表恭儉也。而恭儉則不僅在聲色笑貌之間，誠意積於中，而德輝發於外，不可以僞爲也。且禮儀與國俗及時世爲推移，其意雖同，而其迹或大異，是亦不可不知也。

恭儉之要，在能容人。人心不同，苟以異己而輒排之，則非合群之道矣。且人非聖人，誰能無過？過而不改，乃成罪惡。逆耳之言，尤當平心而察之，是亦恭儉之效也。

---

① 闇然媚世：屈意迎人。《孟子·盡心下》：「闇然媚於世也者。」

朋友之關係

朋友相規

朋友相助

## 第九節　交友

人情喜群居而惡離索，故内則有家室，而外則有朋友。朋友者，所以爲人損痛苦而益歡樂者也。雖至快之事，苟不得同志者共賞之，則其趣有限。當抑鬱無聊之際，得一良友慰其寂寞，而同其憂戚，則胸襟豁然，前後殆若兩人。至於遠游羈旅之時，兄弟戚族，不遑我顧，則所需於朋友者尤切焉。

朋友者，能救吾之過失者也。凡人不能無偏見，而意氣用事，則往往不遑自返，斯時得直諒之友，忠告而善導之，則有憬然自悟其非者，其受益孰大焉。

朋友又能成人之美而濟其患。人之營業，鮮有能以獨力成之者。方今交通利便，學藝日新，通功易事之道愈密①，欲興一業，尤不能不合衆志以成之。則所需於朋友之

① 通功易事：以勞動成果互相交换。《孟子·滕文公下》：「子不通功易事，以羡補不足，則農有餘粟，女有餘布。子如通之，則梓匠輪輿皆得食於子。」

助力者，自因之而益廣。至於猝遇疾病，或值變故，所以慰藉而保護之者，自親戚家人而外，非朋友其誰望耶？

朋友之有益於我也如是。西哲以朋友爲在外之我，洵至言哉。人而無友，則雖身在社會之中，而胸中之岑寂無聊，曾何異於獨居沙漠耶？

**擇交宜慎**

古人有言，不知其人，觀其所與。朋友之關係如此，則擇交不可以不慎也。凡朋友相識之始，或以鄉貫職業，互有關係；或以德行才器，素相欽慕，本不必同出一途。而所以訂交者，要不爲一時得失之見，而以久要不渝爲本旨①。若乃任性濫交，不顧其後，無端而爲膠漆，無端而爲冰炭，則是以交誼爲兒戲耳。若而人者，終其身不能得朋友之益矣。

**信義**

既訂交矣，則不可以不守信義。信義者，朋友之第一本務也。苟無信義，則猜忌之見，無端而生，凶終隙末之事，率起於是。惟信義之交，則無自而離間之也。

---

① 久要不渝：要，音yāo，約束。渝，改變。《論語·憲問》：「久要不忘平生之言。」魏何晏集解引漢孔安國曰：「久要，舊約也。」

規諫朋友之道

聽朋友之規諫

朋友有過，宜以誠意從容而言之。即不見從，或且以非理加我，則亦姑恕宥之，而徐俟其悔悟。世有歷數友人過失，不少假借①，或因而憤争者，是非所以全友誼也。而聽言之時，則雖受切直之言，或非人所能堪，而亦當温容傾聽，審思其理之所在，蓋不問其言之得當與否，而其情要可感也。若乃自諱其過而忌直言，則又何異於諱疾而忌醫耶？

經營實業必藉朋友

討論學問必藉朋友

夫朋友有成美之益，既如前述，則相爲友者，不可以不實行其義。有如農工實業，非集巨資合群策不能成立者，宜各盡其能力之所及，協而圖之。及其成也，互持契約，各守權限，無相詐也，無相諉也，則彼此各享其利矣。非特實業也，學問亦然。方今文化大開，各科學術，無不理論精微，範圍博大，有非一人之精力所能周者。且分科至繁，而其間乃互有至密之關係。若專修一科，而不及其他，則孤陋而無藉。合各科而兼習焉，則又泛濫而無所歸宿。是以能集同志之友，分門治之，互相討論，各以其所長相補助，則學業始可抵於大成矣。

① 假借：寬容。

共患難

雖然，此皆共安樂之事也。可與共安樂，而不可與共患難，非朋友也。朋友之道，在扶困濟危，雖自擲其財産名譽而不顧。否則如柳子厚所言①，平日相徵逐、相慕悦，誓不相背負，及一旦臨小利害若毛髮，輒去之若浼者。人生又何貴有朋友耶？

屈私從公

朋友如有悖逆之徵，則宜盡力諫阻，不可以交誼而曲徇之。又如職司所在，公爾忘私，亦不得以朋友之請謁若關係，而有所假借。申友誼而屈公權，是國家之罪人也。朋友之交，私德也；國家之務，公德也。二者不能并存，則不能不屈私德以從公德。此則國民所當服膺者也。

---

① 柳子厚所言：此段引文見韓愈《柳子厚墓志銘》：「嗚呼！士窮乃見節義。今夫平居里巷相慕悦，酒食游戲相徵逐，詡詡强笑語以相取下，握手出肺肝相示，指天日涕泣，誓生死不相背負，真若可信。一旦臨小利害，僅如毛髮比，反眼若不相識。落陷穽，不一引手救，反擠之，又下石焉者，皆是也。」然則此爲韓愈《柳子厚墓志銘》一文内之議論，「柳子厚所言」似當作「《柳子厚墓志銘》所言」。

# 第十節　從師

欲成才德必須從師

凡人之所以爲人者，在德與才。而成德達才，必有其道。經驗，一也。讀書，二也。從師受業，三也。經驗爲一切知識及德行之淵源，而爲之者，不可不先有辨別事理之能力。書籍記遠方及古昔之事迹，及各家學説，大有裨於學行，而非粗諳各科大旨，及能甄別普通事理之是非者，亦讀之而茫然。是以從師受業，實爲先務。師也者，授吾以經驗及讀書之方法，而養成其自由抉擇之能力者也。

師代父母任教育

人之幼也，保育於父母。及稍長，則苦於家庭教育之不完備，乃入學親師。故師也者，代父母而任教育者也。弟子之於師，敬之愛之，而從順之，感其恩勿諼①，宜也。自師言之，天下至難之事，無過於教育。何則？童子未有甄别是非之能力，一言一動，

① 諼：音xuān，忘記。

無不賴其師之誘導，而養成其習慣，使其情緒思想，無不出於純正者，師之責也。他日其人之智德如何，能造福於社會及國家否，爲師者不能不任其責。是以其職至勞，其慮至周。學者而念此也，能不感其恩而圖所以報答之者乎？

信從師教

弟子之事師也，以信從爲先務。師之所授，無一不本於造就弟子之念，是以見弟子之信從而勤勉也，則喜。非自喜也，喜弟子之可以造就耳。蓋其教授之時，在師固不能自益其知識也。弟子念教育之事，非爲師而爲我，則自然篤信其師，而尤不敢不自勉矣。

弟子知識稍進，則不宜事事待命於師，而常務自修。自修則學問始有興趣，而不至畏難，較之專恃聽授者，進境尤速。惟疑難之處，不可武斷，就師而質焉可也。

從師者事半功倍

弟子之於師，其受益也如此。苟無師，則雖經驗百年，讀書萬卷，或未必果有成效。從師者，事半而功倍者也。師之功，必不可忘，而人乃以爲區區脩脯已足償之①，若購物於市然。然則人子受父母之恩，亦以服勞奉養爲足償之耶？爲弟子者，雖畢業以後，而敬愛其師，無異於受業之日，則庶乎其可矣。

① 脩脯：古代十五歲入學，要送給老師「束脩」，即十條乾肉。脩脯，指學費。《論語·述而》：「子曰：自行束脩以上，吾未嘗無誨焉。」宋邢昺疏：「案書傳言束脩者多矣，皆謂十脡脯也。」又云：「然此是禮之薄者。」

# 第二章 家 族

## 第一節 總論

人與人相接之道

增進各人之幸福

以家族社會國家之幸福爲幸福

凡修德者，不可以不實行本務。本務者，人與人相接之道也。是故子弟之本務曰孝弟，夫婦之本務曰和睦。爲社會之一人，則以信義爲本務。爲國家之一民，則以愛國爲本務。能恪守種種之本務，而無或畔焉，是爲全德。修己之道，不能舍人與人相接之道而求之也。道德之效，在本諸社會、國家之興隆，以增進各人之幸福。故吾之幸福，非吾一人所得而專，必與積人而成之家族若社會若國家，相待而成立，則吾人於所以處家族、社會及國家之本務，安得不視爲先務乎？

有人於此，其家族不和，其社會之秩序甚亂，其國家之權力甚衰，若而人者，獨可以得幸福乎？內無天倫之樂，外無自由之權，凡人生至要之事，若生命若財產若名譽，皆岌岌不能自保，若而人者，尚可以爲幸福乎？於是而言幸福，非狂則姦，必非吾人所願爲也。然則吾人欲先立家族、社會、國家之幸福，以成吾人之幸福，其道如何？無他，在人人各盡其所以處家族、社會及國家之本務而已。是故接人之道，必非有妨於吾人之幸福，而適所以成之，則吾人修己之道，又安得外接人之本務而求之耶？

接人之本務有三別：一、所以處於家族者。二、所以處於社會者。三、所以處於國家者。是因其範圍之大小而別之。家族者，父子兄弟夫婦之倫，同處於一家之中者也。社會者，不必有宗族之系，而惟以休戚相關之人集成之者也①。國家者，有一定之土地及其人民，而以獨立之主權統治之者也。吾人處於其間，在家則爲父子，爲兄弟，爲夫婦；在社會則爲公民；在國家則爲國民。此數者，各有應盡之本務，并行而不悖。苟失其一，則其他亦受其影響，而不免有遺憾焉。

雖然，其事實雖同時并舉，而言之則不能無先後之別。請先言處於家族之本務，而後及社會、國家。

家族　社會　國家

① 休戚：休，喜慶。戚，憂慮。

家族爲社會國家之基本

家族者，社會、國家之基本也。無家族，則無社會，無國家。故家族者，道德之門徑也。於家族之道德，苟有缺陷，則於社會、國家之道德，亦必無純全之望，所謂求忠臣，必於孝子之門者此也。彼夫野蠻時代之社會，殆無所謂家族，即曰有之，亦復父子無親，長幼無序，夫婦無別。以如是家族，而欲其成立純全之社會及國家，必不可得。蔑倫背理，蓋近於禽獸矣。吾人則不然，必先有一純全之家族，父慈子孝，兄友弟悌，夫義婦和，一家之幸福，無或不足。由是而施之於社會，則爲仁義；由是而施之於國家，則爲忠愛。故家族之順戾，即社會之禍福、國家之盛衰，所由生焉。

家族與社會國家之關係

家族者，國之小者也。家之所在，如國土然。其主人如國之有元首；其子女僕從，猶國民焉；其家族之系統，則猶國之歷史也。若夫不愛其家，不盡其職，則又安望其能愛國而盡國民之本務耶？

不愛家則不能愛國

凡人生之幸福，必生於勤勉。而吾人之所以鼓舞其勤勉者，率在對於吾人所眷愛之家族，而有增進其幸福之希望。彼夫非常之人，際非常之時，固有不顧身家以自獻

家族之幸福即社會國家之幸福

於公義者，要不可以責之於人人。吾人苟能親密其家族之關係，而養成相友相助之觀念，則即所以間接而增社會、國家之幸福者矣。

家族三倫

凡家族所由成立者，有三倫焉：一曰親子，二曰夫婦，三曰兄弟姊妹。三者各有其本務，請循序而言之。

無父母則無身

保護胎兒之劬勞

保護嬰兒之劬勞

## 第二節　子　女

凡人之所貴重者，莫身若焉。而無父母則無身，然則人子之於父母，當何如耶？父母之愛其子也，根於天性。其感情之深厚，無足以尚之者。子之初娠也，其母爲之不敢頓足，不敢高語，選其飲食，節其舉動，無時無地，不以有妨於胎兒之康健爲慮。及其生也，非受無限之劬勞以保護之，不能全其生。而父母曾不以是爲煩，飢則憂其食之不足，飽則又慮其太過；寒則恐其涼，暑則懼其暍①。不惟此也，雖嬰兒之一啼一笑，亦無不留意焉，而同其哀樂。及其稍長，能匍匐也，則望其能立。能立也，則又望其能行。及其六七歲而進學校也，則望其日有進境。時而罹疾，則呼醫求藥，日夕不遑，而不自顧其身之因而衰弱。其子遠游，或日暮而不歸，則倚門而望之，惟祝其身

① 暍：音yē，中暑。

父母終身爲子劬勞

之無恙。及其子之畢業於普通教育，而能營獨立之事業也，則尤關切於其成敗。其業之隆，父母與喜焉；其業之衰，父母與憂焉。蓋終其身無不爲子而劬勞者。嗚呼！父母之恩，世豈有足以比例之者哉！

世人於一飯之恩，且圖報焉。父母之恩如此，將何以報之乎？

惟人類能孝親

事父母之道，一言以蔽之，則曰孝。親之愛子，雖禽獸猶或能之，而子之孝親，則獨見之於人類。故孝者，即人之所以爲人者也。

人類之長成最難

蓋歷久而後能長成者，惟人爲最。其他動物，往往生不及一年，而能獨立自營。其沐親恩也不久，故子之於親，其本務亦隨之而輕。人類則否，其受親之養護也最久，所以勞其親之身心者亦最大。然則對於其親之本務，亦因而重大焉，是自然之理也。

且夫孝者，所以致一家之幸福者也。一家猶一國焉，家有父母，如國有元首。元首統治一國，而人民不能從順，則其國必因而衰弱。父母統治一家，而子女不盡孝養，則一家必因而乖戾。一家之中，親子兄弟，日相鬩而不已，則由如是之家族，而集合以爲社會，爲國家，又安望其協和而致治乎？

### 孝者百行之本

古人有言，孝者百行之本。孝道不盡，則其餘殆不足觀。蓋人道莫大於孝，亦莫先於孝。以之事長則順，以之交友則信。苟於凡事皆推孝親之心以行之，則道德即由是而完。《論語》曰：其爲人也孝弟，而好犯上者鮮矣。君子務本，本立而道生。孝弟也者，其爲人之本與①！此之謂也。

然則吾人將何以行孝乎？孝道多端，而其要有四：曰順，曰愛，曰敬，曰報德。

### 順命

順者，謹遵父母之訓誨及命令也。然非不得已而從之也，必有誠懇歡欣之意以將之②。蓋人子之信其父母也至篤。則於其所訓也，曰：是必適於德義。於其所戒也，曰：是必出於慈愛。以爲吾遵父母之命，其必可以增進吾身之幸福無疑也。曾何所謂勉强者？彼夫父母之於子也，即遇其子之不順，亦不能恝然置之③，尚當多爲指導之術，以盡父母之道。然則人子安可不以順爲本務者。世有悲其親之不慈者，率由於

---

① 「其爲人也」至「爲人之本與」：見《論語·學而》。原文「爲人之本」作「爲仁之本」。

② 將：音jiāng，奉行。《詩經·大雅·烝民》：「肅肅王命，仲山甫將之。」

③ 恝然置之：淡然置之。恝，音jiá，忽略。

事親之不得其道，其咎蓋多在於子焉。

年幼時須順命

子之幼也，於順命之道，無可有異辭者。蓋其經驗既寡，知識不充，決不能循己意以行事。當是時也，於父母之訓誨若命令，當悉去成見，而婉容愉色以聽之，毋或有抗言，毋或形不滿之色。及漸長，則自具辨識事理之力，然於父母之言，亦必虛心而聽之。其父母閱歷既久，經驗較多，不必問其學識之如何，而其言之切於實際，自有非青年所能及者。苟非有利害之關係，則雖父母之言，不足以易吾意，而吾亦不可以抗爭。其或關係利害而不能不爭也，則亦當和氣怡色而善爲之辭，徐達其所以不敢苟同於父母之意見，則始能無忤於父母矣。

年長亦須順命

人子年漸長，智德漸備，處世之道，經驗漸多，則父母之干涉之也漸寬，是亦父母見其子之成長而能任事，則漸容其自由之意志也。然順之迹，不能無所變通，而順之意，則爲人子所須臾不可離者。凡事必時質父母之意見，而求所以達之。自恃其才，悍然違父母之志而不顧者，必非孝子也。至於其子遠離父母之側，而臨事無遑請命，抑或居官吏兵士之職，而不能以私情參預公義，斯則事勢之不得已者也。

亂命不可從

父爲子隱子爲父隱

親子之情發於天性

愛與敬不可缺一

人子順親之道如此，然亦有不可不變通者。今使親有亂命，則人子不惟不當妄從，且當圖所以諫阻之。知其不當爲，以父母之命而勉從之者，非特自罹於罪，且因而陷親於不義，不孝之大者也。若乃父母不幸而有失德之舉，不密圖補救，而輒暴露之，則亦非人子之道。孔子曰：父爲子隱，子爲父隱①。是其義也。

愛與敬，孝之經緯也。親子之情，發於天性，非外界輿論及法律之所强。是故親之爲其子，子之爲其親，去私克己，勞而無怨，超乎利害得失之表，此其情之所以爲最貴也。本是情而發見者，曰愛曰敬。非愛則馴至於乖離，非敬則漸流於輕狎。愛而不敬，禽獸猶或能之。敬而不愛，親疏之別何在？二者失其一，不可以爲孝也。

能順能愛能敬，孝親之道畢乎？曰：未也。孝子之所最盡心者，圖所以報父母之德是也。

受人之恩，不敢忘焉，而必圖所以報之，是人類之美德也。而吾人一生最大之恩，

① 父爲子隱，子爲父隱：見《論語·子路》。

一生最大之恩在於父母

不報親恩無異禽獸

子成長而父母衰老

父母餘年無幾宜及時孝養

養體

實在父母。生之育之，飲食之教誨之。不特吾人之生命及身體，受之於父母，即吾人所以得生存於世界之術業，其基本亦無不爲父母所畀者①。吾人烏能不日日銘感其恩，而圖所以報答之乎？人苟不容心於此，則雖謂其等於禽獸可也。

人之老也，餘生無幾，雖路人見之，猶起惻隱之心，況爲子者，日見其父母之老耄衰弱，而能無動於中乎？昔也，父母之所以愛撫我者何其摯；今也，我之所以慰藉我父母者，又烏得而苟且乎？且父母者，隨其子之成長而日即於衰老者也。子女增一日之成長，則父母增一日之衰老，及其子女有獨立之業，而有孝養父母之能力，則父母之餘年，固已無幾矣。猶不及時而盡其孝養之誠，忽忽數年，父母已弃我而長逝，我能無抱終天之恨哉？

吾人所以報父母之德者有二道：一曰養其體，二曰養其志。

養體者，所以圖父母之安樂也。盡我力所能及，爲父母調其飲食，娛其耳目，安

① 畀：音bì，賜與，給予。

其寢處，其他尋常日用之所需，無或闕焉而後可。夫人子既及成年，而尚缺口體之奉於其父母，固已不免於不孝。若乃豐衣足食，自恣其奉，而不顧父母之養，則不孝之尤矣。

**侍奉父母事宜躬親**

父母既老，則肢體不能如意，行止坐卧，勢不能不待助於他人。人子苟可以自任者，務不假手於婢僕而自任之。蓋同此扶持抑搔之事①，而出於其子，則父母之心尤爲快足也。父母有疾，苟非必不得已，則必親侍湯藥。回思幼稚之年，父母之所以鞠育我者②，劬勞如何，即盡吾力以爲孝養，亦安能報其深恩之十一歟？爲人子者，不可以不知此也。

**養志**

人子既能養父母之體矣，尤不可不養其志。養父母之志，在安其心而無貽以憂。

---

① 抑搔：按摩搔癢。《禮記・内則》：「疾痛苛癢，而敬抑搔之。」漢鄭玄注：「苛，疥也。抑，按。搔，摩也。」

② 鞠育：養育。《詩經・小雅・蓼莪》：「父兮生我，母兮鞠我。拊我畜我，長我育我。」鞠，音jū，撫養。畜，音xù，養。

人子雖備極口體之養，苟其品性行爲，常足以傷父母之心，則父母又何自而安樂乎？口體之養，雖不肖之子，苟有財力，尚能供之。至欲安父母之心而無貽以憂，則所謂一發言、一舉足而不敢忘父母，非孝子不能也。養體，末也；養志，本也。爲人子者，其務養志哉。

保身

養志之道，一曰衛生。父母之愛子也，常祝其子之康强。苟其子孱弱而多疾，則父母重憂之。故衛生者，非獨自修之要，而亦孝親之一端也。若乃冒無謂之險，逞一朝之忿，以危其身，亦非孝子之所爲。有人於此，雖贈我以至薄之物，我亦必鄭重而用之，不辜負其美意也。我身者，父母之遺體，父母一生之劬勞，施於吾身者爲多，然則保全之而攝衛之，寧非人子之本務乎？孔子曰：身體髮膚，受之父母，不敢毀傷，孝之始也。此之謂也。

立名

雖然，徒保其身而已，尚未足以養父母之志。父母者，既欲其子之康强，又樂其子之榮譽者也。苟其子庸劣無狀，不能盡其對於國家、社會之本務，甚或陷於非僻，以貽羞於其父母，則父母方愧憤之不遑，又何以得其歡心耶？孔子曰：事親者，居上不

國之良民即家之孝子

繼志述事

顯揚父母之名

驕，爲下不亂，在醜不争。居上而驕則亡，爲下而亂則刑，在醜而争則兵。不去此三者，雖日用三牲之養，猶不孝也①。正謂此也。是故孝者，不限於家族之中，非於其外有立身行道之實，則不可以言孝。謀國不忠，莅官不敬，交友不信，皆不孝之一。至若國家有事，不顧其身而赴之，則雖殺其身而父母榮之。國之良民，即家之孝子。父母固以其子之榮譽爲榮譽，而不願其苟生以取辱者也。此養志之所以重於養體也。

翼贊父母之行爲，而共其憂樂，此亦養志者之所有事也。故不問其事物之爲何，苟父母之所愛敬，則己亦愛敬之；父母之所嗜好，則己亦嗜好之。

凡此皆親在之時之孝行也。而孝之爲道，雖親没以後，亦與有事焉。父母没，葬之以禮，祭之以禮。父母之遺言，没身不忘。且善繼其志，善述其事，以無負父母。更進而内則盡力於家族之昌榮，外則盡力於社會、國家之業務，使當世稱爲名士偉人，以顯揚其父母之名於不朽，必如是而孝道始完焉。

---

①「事親者」至「不孝也」：見《孝經·紀孝行章》。「不去此三者」，《孝經》作「三者不除」。醜，唐玄宗注：「衆也。」

## 第三節　父母

父母之道

子於父母，固有當盡之本務矣。而父母之對於其子也，則亦有其道在。人子雖未可以此責善於父母①，而凡爲人子者，大抵皆有爲父母之時，不知其道，則亦有貽害於家族、社會、國家而不自覺其非者。精於言孝，而忽於言父母之道，此亦一偏之見也。

溺愛非慈

父母之道雖多端，而一言以蔽之曰慈。子孝而父母慈，則親子交盡其道矣。慈者，非溺愛之謂，謂圖其子終身之幸福也。子之所嗜，不問其邪正是非而輒應之，使其逞一時之快，而或貽百年之患，則不慈莫大於是。故父母之於子，必考察夫得失利害之所在，不能任自然之愛情而徑行之。

① 責善：《孟子·離婁下》：「責善，朋友之道也。父子責善，賊恩之大者。」責善，勸勉爲善。

### 養子教子爲父母之本務

養子教子，父母第一之本務也。世豈有貴於人之生命者，生子而不能育之，或使陷於困乏之中，是父母之失其職者也。善養其子，以至其成立而能營獨立之生計，則父母育子之職盡矣。

### 養子之道

父母既有養子之責，則其子身體之康强與否，亦父母之責也。衛生之理，非稚子所能知。其始生也，蠢然一小動物耳，起居無力，言語不辨，且不知求助於人，使非有時時保護之者，殆無可以生存之理。而保護之責，不在他人，而在生是子之父母，固不待煩言也。

### 教子之道

既能養子，則又不可以不教之。人之生也，智德未具，其所具者，可以吸受智德之能力耳。故幼稚之年，無所謂善，無所謂智，如草木之萌蘖然[1]，可以循人意而矯揉之[2]，必經教育而始成有定之品性。當其子之幼稚，而任教訓指導之責者，舍父母而

---

① 萌蘖：旁出之新芽。見《孟子·告子上》。蘖，音niè。

② 矯揉：使曲者變直爲矯，使直者變曲爲揉。《荀子·性惡》：「故枸木必將待櫽栝、烝、矯然後直。」又《勸學》：「木直中繩，輮以爲輪，其曲中規。」輮，通揉。

家庭爲人生最初之學校

善良之家庭爲社會國家隆盛之本

一生事業決於嬰孩

誰？此家庭教育之所以爲要也。

家庭者，人生最初之學校也。一生之品性，所謂百變不離其宗者，大抵胚胎於家庭之中。習慣固能成性，朋友亦能染人，然較之家庭，則其感化之力有遠不及者。社會、國家之事業，繁矣，而成此事業之人物，孰非起於家庭中呱呱之小兒乎？雖偉人杰士，震驚一世之意見及行爲，其托始於家庭中幼年所受之思想者，蓋必不鮮。是以有爲之士，非出於善良之家庭者，世不多有。善良之家庭，其社會、國家所以隆盛之本歟！

幼兒受於家庭之教訓，雖薄物細故，往往終其生而不忘。故幼兒之於長者，如枝幹之於根本然。一日之氣候，多定於崇朝①。一生之事業，多決於嬰孩。甚矣，家庭教育之不可忽也。

---

① 崇朝：《詩經·衛風·河廣》：「誰謂宋遠，曾不崇朝。」崇，終。崇朝，謂整個早晨，即從天亮到吃早飯這段時間。

**家庭之模範**

家庭教育之道，先在善良其家庭。蓋幼兒初離襁褓，漸有知覺，如去暗室而見白日然。官體之所感觸，事事物物，無不新奇而可喜。其時經驗既乏，未能以自由之意志，擇其行爲也。則一切取外物而摹仿之，自然之勢也。當是時也，使其家庭中事事物物，凡縈繞幼兒之旁者，不免有腐敗之迹，則此兒清潔之心地，遂納以終身不磨之瑕玷。不然，其家庭之中，悉爲敬愛正直諸德之所充，則幼兒之心地，又何自而被玷乎？有家庭教育之責者，不可不先正其模範也。

**家庭教育之利害**

爲父母者，雖各有其特別之職分，而尚有普通之職分。行止坐臥，無可以須臾離者，家庭教育是也。或擇其業務，或定其居所，及其他言語飲食衣服器用，凡日用行常之間，無不考之於家庭教育之利害而擇之。昔孟母教子，三遷而後定居，此百世之師範也。父母又當乘時機而爲訓誨之事，子有疑問，則必以真理答之，不可以荒誕無稽之言塞其責。其子既有辨別善惡是非之知識，則父母當監視而以時勸懲之，以堅其好善惡惡之性質。

**寬嚴適中**

無失之過嚴，亦無過寬，約束與放任，適得其中而已。凡母多偏於慈，而父多偏於嚴。子之所以受教者偏，則其性質亦隨之而偏。故欲養成中正之品性者，必使受寬嚴得中之教育也。其子漸長，則父母當相其子之材器，爲之慎擇職業，而時有以指導之。年少氣鋭者，每不違熟慮以後之利害，而定目前之趨向。故於子女獨立之始，知能方發，閱歷未深，實爲危險之期。爲父母者，不可不慎監其所行之得失，而以時勸戒之。

## 第四節　夫婦

國之本在家，家之本在夫婦。夫婦和，小之爲一家之幸福，大之致一國之富强。古人所謂人倫之始、風化之原者，此也。

夫婦爲人倫之始

夫婦者，本非骨肉之親，而配合以後，苦樂與共，休戚相關，遂爲終身不可離之伴侶。而人生幸福，實在於夫婦好合之間。然則夫愛其婦，婦順其夫，而互維其親密之情義者，分也。夫婦之道苦，則一家之道德失其本，所謂孝弟忠信者，亦無復可望，而一國之道德，亦由是而頹廢矣。

愛情

愛者，夫婦之第一義也。各舍其私利，而互致其情，互成其美，此則夫婦之所以爲夫婦，而亦人生最貴之感情也。有此感情，則雖在困苦顛沛之中，而以同情者之互相慰藉，乃別生一種之快樂。否則感情既薄，厭忌嫉妒之念，乘隙而生，其名夫婦，而其實乃如路人，雖日處華膴之中，曾何有人生幸福之真趣耶？

婚姻之禮

夫婦之道，其關係如是其重也，則當夫婦配合之始，婚姻之禮，烏可以不慎乎！是爲男女一生禍福之所繫，一與之齊，終身不改焉。其或不得已而離婚，則爲人生之大不幸，而彼此精神界，遂留一終身不滅之創痍。人生可傷之事，孰大於是。

愛情非境遇所能移

婚姻之始，必本諸純粹之愛情。以財産、容色爲準者，决無以持永久之幸福。蓋財産之聚散無常，而容色則與年俱衰。以是爲準，其愛情可知矣。純粹之愛情，非境遇所能移也。

何謂純粹之愛情，曰生於品性。男子之擇婦也，必取其婉淑而貞正者；女子之擇夫也，必取其明達而篤實者。如是則必能相信相愛，而構成良善之家庭矣。

夫婦分業

夫之本務

妻之本務

既成家族，則夫婦不可以不分業。男女之性質，本有差別：男子體力較强，而心性亦較爲剛毅；女子則體力較弱，而心性亦毗於温柔。故爲夫者，當盡力以護其妻，無妨其衛生，無使過悴於執業，而其妻日用之所需，不可以不供給之。男子無養其妻之資力，則不宜結婚。既婚而困其妻於飢寒之中，則失爲夫者之本務矣。女子之知識才能，大抵遜於男子，又以專司家務，而社會間之閱歷，亦較男子爲淺。故妻之於夫，苟非受不道之驅使，不可以不順從。而貞固不渝、憂樂與共，則皆爲妻者之本務也。

男女性質不同

夫倡婦隨，爲人倫自然之道德。夫爲一家之主，而妻其輔佐也。主輔相得，而家政始理。爲夫者，必勤業於外，以贍其家族。爲妻者，務整理内事，以輔其夫之所不及。是各因其性質之所近而分任之者。男女平權之理，即在其中。世之持平權説者，乃欲使男女均立於同等之地位，而執同等之職權，則不可通者也。男女性質之差别，第觀於其身體結構之不同，已可概見：男子骨格偉大，堪任力役，而女子則否；男子長於思想，而女子鋭於知覺；男子多智力，而女子富感情；男子務進取，而女子喜保守。是以男子之本務，爲保護，爲進取，爲勞動；而女子之本務，爲輔佐，爲謙讓，爲巽順。

剛柔相劑

是則剛柔相劑之理也。

生子以後，則夫婦即父母，當盡教育之職，以綿其家族之世系，而爲社會、國家造成有爲之人物。子女雖多，不可有所偏愛，且必豫計其他日對於社會、國家之本務，而施以相應之教育。以子女爲父母所自有，而任意虐遇之，或驕縱之者，是社會、國家之罪人，而失父母之道者也。

## 第五節　兄弟姊妹

兄弟姊妹之情

有夫婦而後有親子，有親子而後有兄弟姊妹。兄弟姊妹者，不惟骨肉關係，自然有親睦之情，而自其幼時提挈於父母之左右，食則同案，學則并几，游則同方，互相扶翼，若左右手然，又足以養其親睦之習慣。故兄弟姊妹之愛情，自有非他人所能及者。

兄弟姊妹之愛情，亦如父母夫婦之愛情然，本乎天性，而非有利害得失之計較，雜於其中。是實人生之至寶，雖珠玉不足以易之，不可以忽視而放弃者也。是以我之兄弟姊妹，雖偶有不情之舉，我必當寬容之，而不遽加以責備。常有因彼我責善，而傷手足之感情者，是亦不可不慎也。

兄弟姊妹之情不以異業異居而改

蓋父母者，自其子女視之，所能朝夕與共者，半生耳。而兄弟姊妹則不然，年齡之差，遠遜於親子，休戚之關，終身以之。故兄弟姊妹者，一生之間，當無時而不以父母膝下之情狀爲標準者也。長成以後，雖漸離父母，而異其業，異其居，猶必時相過

弟妹之道

兄姊之道

兄弟姊妹不和則傷父母之心

家族不和國家亦受其害

從，禍福相同，憂樂與共，如一家然。即所居懸隔，而歲時必互通音問，同胞之情，雖千里之河山，不能阻之。遠適異地，而時得見愛者之音書，實人生之至樂。回溯疇昔相依之狀，豫計他日再見之期，友愛之情，有油然不能自已者矣。

兄姊之年，長於弟妹，則其知識經驗，自較勝於幼者，是以爲弟妹者，當視其兄姊爲兩親之次，遵其教訓指導而無敢違。雖在他人，幼之於長，必盡謙讓之禮，況於兄姊耶？爲兄姊者，於其弟妹，亦當助其父母提撕勸戒之責①，毋得挾其年長，而以暴慢恣睢之行施之②。浸假兄姊凌其弟妹③，或弟妹慢其兄姊，是不啻背於倫理，而彼此交受其害，且延而傷父母之心，以破一家之平和，而釀社會、國家之隱患。家之於國，如細胞之於有機體，家族不和，則一國之人心，必不能一致，人心離畔，則雖有億兆之衆，

① 提撕：提醒，勸戒。《詩經・大雅・抑》：「匪面命之，言提其耳。」漢鄭玄箋：「我非但對面語之，親提撕其耳。」《顔氏家訓・序致》：「業以整齊門内，提撕子孫。」

② 恣睢：音zìsuī，凶暴。《荀子・非十二子》：「縱情性，安恣睢，禽獸行。」

③ 浸假：逐漸。

亦何以富强其國家乎？

兄弟貴於財産

昔西哲蘇格拉底，見有兄弟不睦者而戒之曰：兄弟貴於財産。何則？財産無感覺，而兄弟有同情；財産賴吾人之保護，而兄弟則保護吾人者也。凡人獨居，則必思群，何獨疏於其兄弟乎？且兄弟非同其父母者耶？不見彼禽獸同育於一區者，不尚互相親愛耶？而兄弟顧不互相親愛耶？其言深切著明，有兄弟者，可以鑒焉。

兄姊舉動不可不慎

兄弟姊妹，日相接近，其相感之力甚大。人之交友也，習於善則善，習於惡則惡。兄弟姊妹之親善，雖至密之朋友，不能及焉。其習染之力何如耶？凡子弟不從父母之命，或以粗野侮慢之語對其長者，率由於兄弟姊妹間，素有不良之模範。故年長之兄姊，其一舉一動，悉爲弟妹所屬目而摹仿，不可以不慎也。

兄弟對姊妹之本務

姊妹對兄弟之本務

兄弟之於姊妹，當任保護之責。蓋婦女之體質既纖弱，而精神亦毗於柔婉，勢不能不倚賴於男子。如昏夜不敢獨行；即受讒誣，亦不能如男子之慷慨争辨，以申其權利之類是也。故姊妹未嫁者，助其父母而扶持保護之，此兄弟之本務也。而爲姊妹者，亦當盡力以求有益於其兄弟。少壯之男子，尚氣好事，往往有凌人冒險、以小不忍而

父母既没兄弟姊妹相待之道

釀巨患者，諫止之力，以姊妹之言爲最優。蓋女子之情醇篤，而其言尤爲藴藉，其所以殺壯年之客氣者①，較男子之抗争爲有效也。兄弟姊妹能互相扶翼，如是，則可以同休戚而永續其深厚之愛情矣。

不幸而父母早逝，則爲兄姊者，當立於父母之地位，而撫養其弟妹。當是時也，弟妹之親其兄姊，當如父母，蓋可知也。

① 客氣：宋儒以天性、野蠻之性爲客氣。與人性、理性相對。《近思録》卷五：「明道先生（程顥）曰：義理與客氣常相勝，只看消長分數多少，爲君子小人之别。」

家族

姻戚

處族戚之道

## 第六節　族戚及主僕

家族之中，既由夫婦而有父子，由父子而有兄弟姊妹，於是由兄弟之所生，而推及於父若祖若曾祖之兄弟，及其所生之子若孫，是謂家族。且也，兄弟有婦，姊妹有夫，其母家婿家，及父母以上凡兄弟之婦之母家、姊妹之婿家，皆爲姻戚焉。既爲族戚，則溯其原本，同出一家，較之無骨肉之親、無葭莩之誼者①，關係不同。交際之間，亦必視若家人。歲時不絕音問，吉凶相慶吊，窮乏相振恤，此族戚間之本務也。天下滔滔，群以利害得失爲聚散之媒，而獨於族戚間，尚互以真意相酬答，若一家焉，是亦人生之至樂也。

人之於鄰里，雖素未相識，而一見如故。何也？其關係密也。至於族戚，何獨不

① 葭莩：音jiāfú，親戚。《漢書・中山靖王傳》：「今群臣非有葭莩之親、鴻毛之重。」葭莩，蘆葦內薄膜，本謂關係疏遠淡薄。後用指親戚。《宋書・南郡王義宣傳》：「葭莩淳戚，昭亮可期。」

### 族戚之關係

然。族戚者，非惟一代之關係，而實祖宗以來歷代之關係。即不幸而至流離顛沛之時，或朋友不及相救，故舊不及相顧，當此之時，所能援手者，非族戚而誰？然則平日之宜相愛相扶也明矣。

### 主僕之關係

僕之於主，雖非有肺腑之親，然平日追隨既久，關係之密切，次於家人。是故忠實馴順者，僕役之務也；懇切慈愛者，主人之務也。

### 僕役之本務

爲僕役者，宜終始一心，以從主人之命，不顧主人之監視與否，而必盡其職，且不以勤苦而有怏怏之狀。同一事也，怡然而爲之，則主人必尤爲快意也。若乃挾詐慢之心以執事，甚或訐主人之陰事，以暴露於鄰保①，是則不義之尤者矣。

### 主人之本務

夫人莫不有自由之身體，及自由之意志，不得已而被役於人，雖有所取償，然亦至可憫矣。是以爲主人者，宜常存哀矜之心，使役有度，毋任意斥責，若犬馬然。至於僕役傭資，即其人沽售勞力之價值，至爲重要，必如約而畀之。夫如是，主人善視

① 鄰保：鄰居家的傭人。

僕役與子女之關係

其僕役，則僕役亦必知感而盡職矣。

僕役之良否，不特於一家之財政有關，且常與子女相馴。苟品性不良，則子女輒被其誘惑，往往有日陷於非僻而不覺者。故有僕役者，選擇不可不慎，而監督尤不可不周。

自昔有所謂義僕者，常於食力以外，別有一種高尚之感情，與其主家相關係焉。或終身不去，同於家人；或遇其窮厄，艱苦共嘗而不怨；或以身殉主，自以爲榮。有是心也，推之國家，可以爲忠良之國民。雖本於其天性之篤厚，然非其主人信愛有素，則亦不足以致之。

# 第三章　社　會

## 第一節 總論

社會

國家

凡趨向相同、利害與共之人，集而爲群，苟其於國家無直接之關係，於法律無一定之制限者，皆謂之社會。是以社會之範圍，廣狹無定，小之或局於鄉里，大之則亘於世界，如所謂北京之社會、中國之社會、東洋之社會，與夫勞工社會、學者社會之屬，皆是義也。人生而有合群之性，雖其種族大別、國土不同者，皆得相依相扶，合而成一社會，此所以有人類社會之道德也。然人類恒因土地相近、種族相近者，建爲特別之團體，有統一制裁之權，謂之國家，所以彌各種社會之缺憾，而使之互保其福利者也。故社會之範圍，雖本無界限，而以受範於國家者爲最多。蓋世界各國，各有其社會之特性，而不能相融，是以言實踐道德者，於人類社會，固有普通道德，而於各國社會，則又各有其特別之道德，是由於其風土、人種、習俗、歷史之差別而生者。而本書所論，則皆適宜於我國社會之道德也。

喜群之性不以家族爲限

人之組織社會，與其組織家族同，而一家族之於社會，則亦猶一人之於家族也。人之性，厭孤立而喜群居，是以家族之結合，終身以之。而吾人喜群之性，尚不以家族爲限。向使局處家庭之間，與家族以外之人，情不相通，事無與共，則此一家者，無異在窮山荒野之中，而其家亦烏能成立乎？

體魄與社會之關係

精神與社會關係

蓋人類之體魄及精神，其能力本不完具，非互相左右，則馴至不能生存。以體魄言之，吾人所以避風雨寒熱之苦，禦猛獸毒蟲之害，而晏然保其生者，何一非社會之賜？以精神言之，則人苟不得已而處於孤立之境，感情思想，一切不能達之於人，則必有非常之苦痛，甚有因是而病狂者。蓋人之有待於社會，如是其大也。且如言語文字之屬，凡所以保存吾人之情智而發達之者，亦必賴社會之組織而始存。然則一切事物之關係於社會，蓋可知矣。

報效社會

夫人食社會之賜如此，則人之所以報效於社會者當如何乎？曰：廣公益，開世務，建立功業，不顧一己之利害，而圖社會之幸福，則可謂能盡其社會一員之本務者矣。蓋公爾忘私之心，於道德最爲高尚，而社會之進步，實由於是。故觀於一社會中志士仁人之多寡，而其社會進化之程度可知也。使人人持自利主義，而漠然於社會之利害，則其社會必日趨腐敗，而人民必日就零落，卒至人人同被其害而無救，可不懼乎？

**國家與社會之關係**

社會之上，又有統一而裁制之者，是爲國家。國家者，由獨立之主權，臨於一定之土地、人民，而制定法律以統治之者也。凡人既爲社會之一員，而持社會之道德，則又爲國家之一民，而當守國家之法律。

**道德與法律**

蓋道德者，本以補法律之力之所不及；而法律者，亦以輔道德之功之所未至，二者相須爲用。苟悖於法律，則即爲國家之罪人，而決不能援社會之道德以自護也。惟國家之本領，本不在社會。是以國家自法律範圍以外，決不干涉社會之事業，而社會在不違法律之限，亦自有其道德之自由也。

人之在社會也，其本務雖不一而足，而約之以二綱：曰公義，曰公德。

**公義**

公義者，不侵他人權利之謂也。我與人同居社會之中，人我之權利，非有徑庭①，我既不欲有侵我之權利者，則我亦決勿侵人之權利。人與人互不相侵，而公義立矣。

① 徑庭：偏激，矛盾。《莊子・逍遥游》：「大有徑庭，不近人情焉。」《釋文》引晉李頤曰：「徑庭，謂激過也。」唐成玄英疏云：「徑庭，猶過差。」

生命

財産

名譽

吾人之權利，莫重於生命、財産、名譽。生命者，一切權利之本位，一失而不可復，其非他人之所得而侵犯，所不待言。財産，雖身外之物，然人之欲立功名、享福利者，恒不能徒手而得，必有藉於財産。苟其得之以義，則即爲其人之所當保守，而非他人所能干涉者也。名譽者，無形之財産，由其人之積德纍行而後得之，故對於他人之讒誣污衊，而亦有保護之之權利。是三者一失其安全，則社會之秩序，即無自而維持。是以國家特設法律，爲吾人保護此三大權利，而吾人亦必尊重他人之權利，而不敢或犯。固爲謹守法律之義務，抑亦對於社會之道德，以維持其秩序者也。

雖然，人僅僅不侵他人權利，則徒有消極之道德，而未足以盡對於社會之本務也。對於社會之本務，又有積極之道德，博愛是也。

博愛

博愛者，人生最貴之道德也。人之所以能爲人者以此。苟其知有一身而不知有公家，知有一家而不知有社會，熟視其同胞之疾苦顛連[①]，而無動於中，不一爲之援

① 顛連：困頓。宋張載《西銘》：「凡天下疲癃殘疾，惸獨鰥寡，皆吾兄弟之顛連而無告者也。」惸，音qióng，同煢。

手，則與禽獸奚擇焉？世常有生而廢疾者，或有無辜而罹縲紲之辱者，其他鰥寡孤獨、失業無告之人[①]，所在多有。且文化漸開，民智益進，社會間之競争日烈，則貧富之相去益遠。而世之素無憑藉、因而沈淪者，與日俱增。此亦理勢之所必然者也。而此等沈淪之人，既已日趨苦境，又不敢背戾道德法律之束縛，以侵他人之權利，苟非有賑濟之者，安得不束手就斃乎？夫既同爲人類，同爲社會之一員，不忍坐視其斃而不救，於是本博愛之心，而種稱慈善之業起焉[②]。

博愛可以盡公德乎？未也。賑窮濟困，所以彌缺陷，而非所以求進步；所以濟目前，而非所以圖久遠。夫吾人在社會中，決不以目前之福利爲已足也。且目前之福利，本非社會成立之始之所有，實吾輩之祖先，纍代經營而馴致之。吾人既已沐浴祖先

① 鰥寡孤獨：《孟子·梁惠王下》：「老而無妻曰鰥，老而無夫曰寡，老而無子曰獨，幼而無父曰孤，此四者，天下之窮民而無告者也。」無告，有苦無處訴説。

② 種稱：疑當作「種種」，誠懇淳厚貌。《莊子·胠篋》：「舍夫種種之民，而悦夫役役之佞。」役役，謂投機鑽營。

圖公益開世務

之遺德矣，顧不能使所承於祖先之社會，益臻美善，以遺諸子孫，不亦放弃吾人之本務乎？是故人在社會，又當各循其地位，量其勢力，而圖公益，開世務，以益美善其社會。苟能以一人而造福於億兆，以一生而遺澤於百世，則没世而功業不朽，雖古之聖賢，蔑以加矣。

公義公德不可偏廢

夫人既不侵他人權利，又能見他人之窮困而救之，舉社會之公益而行之，則人生對於社會之本務，始可謂之完成矣。吾請舉孔子之言以爲證。孔子曰：己所不欲，勿施於人。又曰：己欲立而立人，己欲達而達人。是二者，一則限制人，使不可爲；一則勸導人，使爲之。一爲消極之道德，一爲積極之道德。一爲公義，一爲公德。二者不可偏廢。我不欲人侵我之權利，則我亦慎勿侵人之權利，斯「己所不欲，勿施於人」之義也。我而窮也，常望人之救之。我知某事之有益於社會，即有益於我，而力或弗能舉也，則望人之舉之。則吾必盡吾力所能及，以救窮人而圖公益，斯即「欲立而立人，欲達而達人」之義也。二者，皆道德上之本務，而前者又兼爲法律上之本務。人而僅欲不爲法律上之罪人，則前者足矣。如欲免於道德上之罪，又不可不躬行後者之言也。

## 第二節　生　命

生命爲一切權利義務之基本

人之生命，爲其一切權利義務之基本。無端而殺之，或傷之，是即舉其一切之權利義務而悉破壞之，罪莫大焉。是以殺人者死，古今中外之法律，無不著之。

正當之防衛

人與人不可以相殺傷。設有横暴之徒，加害於我者，我豈能坐受其害？勢必盡吾力以爲抵制，雖亦用横暴之術而殺之傷之，亦爲正當之防衛。正當之防衛，不特不背於嚴禁殺傷之法律，而適所以保全之也。蓋彼之欲殺傷我也，正所以破壞法律。我苟束手聽命，以至自喪其生命，則不特我自放弃其權利，而且坐視法律之破壞於彼，而不盡吾力以相救，亦我之罪也。是故以正當之防衛而至於殺傷人，文明國之法律，所不禁也。

正當防衛爲不得已

以正當之防衛，而至於殺傷人，是出於不得已也。使我身既已保全矣，而或餘怒未已，或挾讎必報，因而殺傷之，是則在正當防衛之外，而我之殺傷爲有罪。蓋一人之權利，即以其一人利害之關係爲範圍，過此以往，則制裁之任在於國家矣。犯國家法律者，其所加害，雖或止一人，而實負罪於全社會。一人即社會之一分子，一分子之危害，必有關於全體之平和。猶之人身雖僅傷其一處，而即有害於全體之健康也。

刑罰之權屬於國家

故刑罰之權，屬於國家，而非私人之所得與。苟有於正當防衛之外，而殺傷人者，國家亦必以罪罪之，此不獨一人之私怨也。即或藉是以復父兄戚友之讎，亦爲徇私情而忘公義，今世文明國之法律多禁之。

決鬥之野蠻

決鬥者，野蠻之遺風也。國家既有法律以斷邪正、判曲直，而我等乃以一己之私憤，決之於格鬥，是直彼此相殺而已，豈法律之所許乎？且決鬥者，非我殺人，即人殺我，使彼我均爲放弃本務之人。而求其緣起，率在於區區之私情，如其一勝一敗，亦非曲直之所在，而視乎其技術之巧拙，此豈可與法律之裁制同日而語哉？

法律亦有殺人之事，大辟是也。大辟之可廢與否，學者所見，互有異同。今之議者，以爲今世文化之程度，大辟之刑，殆未可以全廢。蓋刑法本非一定，在視文化之程度而漸改革之。故昔日所行之刑罰，有涉於殘酷者，誠不可以不改，而悉廢死刑之

征戰爲國家正當防衛

不與戰役之人不可殺傷

說，尚不能不有待也。

因一人之正當防衛而殺傷人，爲國家法律所不禁，則以國家之正當防衛而至於殺傷人，亦必爲國際公法之所許，蓋不待言，征戰之役是也。兵凶戰危，無古今中外，人人知之，而今之持社會主義者，言之尤爲痛切。然坤輿之上[1]，既尚有國界，各國以各圖其國民之利益，而不免與他國相衝突。衝突既劇，不能取決於樽俎之間[2]，而決之以干戈，則其國民之躬與兵役者，發槍揮刃，以殺傷敵人，非特道德法律，皆所不禁，而實出於國家之命令，且出公款以爲之準備者也。惟敵人之不與戰役，或戰敗而降服者，則雖在兩國開戰之際，亦不得輒加以危害，此著之國際公法者也。

① 坤輿：坤，地。輿，車。大地如車承載萬物，因以「坤輿」指大地。

② 樽俎：樽，盛酒的器皿。俎，盛肉的器具。樽俎，指酒席，宴會。漢劉向《新序·雜事》：「不出於樽俎之間，而知千里之外。」

## 第三節　財産

財産之重次於生命

夫生命之可重，既如上章所言矣。然人固不獨好生而已，必其生存之日，動作悉能自由，而非爲他人之傀儡，則其生始爲可樂，於是財産之權起焉。蓋財産者，人所辛苦經營而得之，於此無權，則一生勤力，皆爲虛擲，而於己毫不相關，生亦何爲？且人無財産權，則生計必有時不給，而生命亦終於不保。故財産之可重，次於生命。而盜竊之罪，次於殺傷，亦古今中外之所同也。

財産之可重如此，然則財産果何自而始乎？其理有二：曰先占，曰勞力。

先占

有物於此，本無所屬，則我可以取而有之。何則？無主之物，我占之，而初非有妨於他人之權利也，是謂先占。

先占以勞力爲基本

先占者，勞力之一端也。田於野，漁於水，或發見無人之地而占之，是皆屬於先占之權者。雖其事難易不同，而無一不需乎勞力。故先占之權，亦以勞力爲基本，而勞力即爲一切財産權所由生焉。

凡不待勞力而得者，雖其物爲人生所必需，而不得謂之財産。如空氣彌綸大地①，任人呼吸，用之而不竭，故不可以爲財産。至於山禽野獸，本非有畜牧之者，故不屬於何人，然有人焉捕而獲之，則得據以爲財産，以其爲勞力之效也。其他若耕而得粟，製造而得器，其須勞力，更不待言。而一切財産之權皆循此例矣。

財産者，所以供吾人生活之資，而俾得盡力於公私之本務者也。而吾人之處置其財産，且由是而獲贏利，皆得自由，是之謂財産權。財産權之確定與否，即國之文野所由分也。蓋此權不立，則横斂暴奪之事，公行於社會，非特無以保秩序而進幸福，且足以阻人民勤勉之心，而社會終於墮落也。

財産權之規定，雖恃乎法律，而要非人人各守權限，不妄侵他人之所有，則亦無自而確立，此所以又有道德之制裁也。

① 彌綸：統括，充滿。《周易·繫辭上》：「易與天地準，故能彌綸天地之道。」

財產蓄積之權

人既得占有財產之權，則又有權以蓄積之而遺贈之，此自然之理也。蓄積財產，不特爲己計，且爲子孫計，此亦人情敦厚之一端也。苟無蓄積，則非特無以應意外之需，所關於己身及子孫者甚大，且使人人如此，則社會之事業，將不得有力者以舉行之，而進步亦無望矣。

財產遺贈之權

遺贈之權，亦不過實行其占有之權。蓋人以己之財產遺贈他人，無論其在生前，在死後，要不外乎處置財產之自由。而家產世襲之制，其理亦同。蓋人苟不爲子孫計，則其所經營積蓄者，及身而止，無事多求。而人顧畢生勤勉，豐取嗇用，若不知止足者，無非爲子孫計耳。使其所蓄不得遺之子孫，則又誰樂爲勤儉者？此即遺贈財產之權之所由起，而其他散濟戚友、捐助社會之事，可以例推矣。

財產權之所由得，或以先占，或以勞力，或以他人之所遺贈，雖各不同，而要其權之不可侵則一也。是故我之財產，不願爲他人所侵，則他人之財產，我亦不得而侵之，此即對於財產之本務也。

關於財產之本務有四：一曰，關於他人財產直接之本務。二曰，關於貸借之本務。三曰，關於寄托之本務。四曰，關於市易之本務。

誘取財物

貌爲廉潔陰占厚利

盗竊之不義，雖三尺童子亦知之，而法律且厲禁之矣。然以道德衡之，則非必有穿窬劫掠之迹①，而後爲盗竊也。以虚僞之術，誘取財物，其間或非法律所及問，而揆諸道德，其罪亦同於盗竊。又有貌爲廉潔，而陰占厚利者，則較之盗竊之輩，迫於飢寒而爲之者，其罪尤大矣。

假貸

人之所得，不必與其所需者，時時相應，於是有借貸之法，有無相通，洵人生之美事也。而有財之人，本無必應假貸之義務，故假貸於人而得其允諾，則不但有償還之責任，而亦當感謝其恩意。且財者，生利之具，以財貸人，則并其貸借期内可生之利而讓之，故不但有要求償還之權，而又可以要求適當之酬報。而貸財於人者，既凴藉所貸，而享若干之利益，則割其一部分以酬報於貸我者，亦當盡之本務也。惟利益之多寡，隨時會而有贏縮，故要求酬報者，不能無限。世多有乘人困迫，而脅之以過當之息者，此則道德界之罪人矣。

通財之義

至於朋友親戚，本有通財之義。在負債者，其於感激

① 窬：音yú，洞。

報酬，自不得不引爲義務。而以財貸之者，要不宜計較錙銖①，以流於利交之陋習也。

貸財宜守期限

凡貸財於人者，於所約償還之期，必不可以不守。世或有僅以償還及報酬爲負債者之本務，而不顧其期限者，此謬見也。例如學生假師友之書，期至不還，甚或轉假於他人，則馴致不足以取信，而有書者且以貸借於人相戒，豈非人己兩妨者耶？

保守他人財物尤宜慎重

受人之屬而爲之保守財物者，其當慎重，視己之財物爲尤甚，苟非得其人之豫約，及默許，則不得擅用之。自天灾時變非人力所能挽救外，苟有損害，皆保守者之責，必其所歸者，一如其所授，而後保守之責爲無忝②。至於保守者之所費，與其當得之酬報，則亦物主當盡之本務也。

市易

人類之進化，由於分職通功，而分職通功之所以行，乃基本於市易。故市易者，大有造於社會者也。然使爲市易者，於貨物之精粗，價值之低昂，或任意居奇，或乘機

① 錙銖：喻細小。漢劉向《説苑·辨物》：「二十四銖重一兩。」漢劉安《淮南子·説山》：「有千金之璧，而無錙錘之礛諸。」漢高誘注：「六銖曰錙，八銖曰錘。言其賤也。」

② 忝：音tiǎn，愧。

作僞，以爲是本非法律所規定也，而以商賈之道德繩之，則其事已謬。且目前雖占小利而頓失其他日之信用，則所失正多。西諺曰：正直者，上乘之策略。洵至言也。

人於財産，有直接之關係，自非服膺道義恪守本務之人，鮮不爲其所誘惑，而不知不覺，躬犯非義之舉。盜竊之罪，律有明文，而清議亦復綦嚴①，犯者尚少。至於貸借寄托市易之屬，往往有違背信義，以占取一時之利者，斯則今之社會，不可不更求進步者也。夫財物之當與人者，宜不待其求而與之，而不可取者，雖見贈亦不得受，一則所以重人之財産，而不敢侵；一則所以守己之本務，而無所歉。人人如是，則社會之福利，寧有量歟？

① 綦：音qí，極。

## 第四節　名譽

精神之嗜欲
愛重名譽
殺身成名
名譽難得

人類者，不徒有肉體之嗜欲也，而又有精神之嗜欲。是故飽煖也，富貴也，皆人之所欲也。苟所得僅此而已，則人又有所不足，是何也？曰：無名譽。豹死留皮，人死留名。言名譽之不朽也。人既有愛重名譽之心，則不但寶之於生前，而且欲傳之於死後，此即人所以異於禽獸。而名譽之可貴，乃舉人人生前所享之福利，而無足以尚之，是以古今忠孝節義之士，往往有殺身以成其名者，其價值之高爲何如也。

夫社會之中，所以互重生命、財産而不敢相侵者，何也？曰：此他人正當之權利也。而名譽之所由得，或以天才，或以積瘁，其得之之難，過於財産，而人之愛護之也，或過於生命。苟有人焉，無端而毁損之，其與盗人財物、害人生命何異？是以生命、財産、名譽三者，文明國之法律，皆嚴重保護之。惟名譽爲無形者，法律之制裁，時或

讒誣甚於盜竊

誹謗爲君子所不爲

有所不及，而愛重保護之本務，乃不得不偏重於道德焉。

名譽之敵有二：曰讒誣，曰誹謗。二者，皆道德界之大罪也。讒誣者，虚造事迹，以污衊他人名譽之謂也。其可惡蓋甚於盜竊。被盜竊者，失其財物而已。被讒誣者，或并其終身之權利而胥失之。流言一作，雖毫無根據，而妒賢嫉才之徒，率喧傳之，舉世靡然①，將使公平摯實之人，亦爲其所惑，而不暇詳求，則其人遂爲衆惡之的，而無以自立於世界。古今有爲之才，被讒誣之害，以至名敗身死者，往往而有，可不畏乎？

誹謗者，乘他人言行之不檢，而輕加以惡評者也。其害雖不如讒誣之甚，而其違公義也同。吾人既同此社會，利害苦樂，靡不相關。成人之美而救其過，人人所當勉也。見人之短，不以懇摯之意相爲規勸，而徒譏評之以爲快，又或乘人不幸之時，而以幸灾樂禍之態，歸咎於其人，此皆君子所不爲也。且如警察官吏，本以抉發隱惡爲

① 舉世靡然：指世人一邊倒，聽從錯誤宣傳。靡，音mǐ，倒下。

職，而其權亦有界限。若乃不在其職，而務訐人隱私，以爲談笑之資，其理何在？至於假托公益，而爲誹謗，以逞其媢嫉之心者①，其爲悖戾，更不待言矣。

讒誣誹謗之施於死者

世之爲讒誣誹謗者，不特施之於生者，而或且施之於死者，其情更爲可惡。蓋生者尚有辨白昭雪之能力，而死者則并此而無之也。原讒誣誹謗之所由起，或以嫉妒，或以猜疑，或以輕率。夫羡人盛名，吾奮而思齊焉可也。不此之務，而忌之毁之，損人而不利己，非大愚不出此。至於人心之不同如其面，因人一言一行，而輒推之於其心術，而又往往以不肖之心測之②，是徒自表其心地之齷齪耳。其或本無成見，而嫉惡太嚴，遇有不協於心之事，輒以惡評加之。不知人事蕃變③，非備悉其始末，灼見其情僞，而平心以判之，鮮或得當。不察而率斷焉，因而過甚其詞，則動多謬誤，或由是而貽害於社會者，往往有之。且輕率之斷定，又有由平日憎疾其人而起者。憎疾其人，

斷定之宜慎

① 媢嫉：嫉妒。媢，音mào。《禮記·大學》：「人之有技，媢嫉以惡之。」

② 不肖：不賢，不正派。

③ 蕃變：謂發展變化。《周易·文言傳》：「天地變化，草木蕃。」

**去社會之公敵**

而輒以惡意斷定其行事，則雖名爲斷定，而實同於讒謗，其流毒尤甚。故吾人於論事之時，務周詳審慎，以無蹈輕率之弊，而於所憎之人，尤不可不慎之又慎也。

夫人必有是非之心，且坐視邪曲之事，默而不言，亦或爲人情所難堪。惟是有意訐發，或爲過情之毀，則於意何居？古人稱守口如瓶，其言雖未必當，而亦非無見。若乃姦宄之行①，有害於社會，則又不能不盡力攻斥，以去社會之公敵，是亦吾人對於社會之本務，而不可與損人名譽之事，同年而語者也。

① 姦宄：爲非作歹之人。宄，音guǐ。《尚書·舜典》：「寇賊姦宄。」《國語·晉語六》：「亂在內爲宄，在外爲姦。」

## 第五節　博愛及公益



博愛者，人生至高之道德，而與正義有正負之别者也。行正義者，能使人免於爲惡。而導人以善，則非博愛者不能。

有人於此，不干國法①，不悖公義，於人間生命、財産、名譽之本務，悉無所歉，可謂能行正義矣。然道有餓莩而不知恤，門有孤兒而不知救，遂得爲善人乎？



博愛者，施而不望報，利物而不暇己謀者也。凡動物之中，能歷久而綿其種者，率皆恃有同類相恤之天性。人爲萬物之靈，苟僅斤斤於施報之間，而不恤其類，不亦自喪其天性，而有愧於禽獸乎？

人之於人，不能無親疏之别，而博愛之道，亦即以是爲序。不愛其親，安能愛人之

① 干：犯也。

親？不愛其國人，安能愛異國之人？如曰有之，非矯則悖，智者所不信也。孟子曰：老吾老以及人之老，幼吾幼以及人之幼。又曰：親親而仁民，仁民而愛物。此博愛之道也。

## 人類之幸福

人人有博愛之心，則觀於其家，而父子親，兄弟睦，夫婦和；觀於其社會，無攘奪，無忿争，貧富不相蔑①，貴賤不相凌，老幼廢疾，皆有所養，藹然有恩，秩然有序，熙熙皞皞，如登春臺②，豈非人類之幸福乎！

## 拯救與補助

博愛者，以己所欲，施之於人。是故見人之疾病則拯之，見人之危難則救之，見人之困窮則補助之。何則？人苟自立於疾病、危難、困窮之境，則未有不望人之拯救之而補助之者也。

---

① 蔑：侵害，消滅。《國語・周語中》：「今將大泯其宗祊，而蔑殺其民人。」又：「不奪民時，不蔑民功。」

② 「熙熙」二句：《老子》河上公本：「衆人熙熙，如享太牢，如登春臺。」「如登春臺」，帛書本作「而春登臺」，王弼本作「如春登臺」。《孟子・盡心上》：「霸者之民，驩虞如也。王者之民，皞皞如也。」熙熙，温暖貌。皞皞，音hàohào，廣大自得貌。

華盛頓

赤子臨井，人未有見之而不動其惻隱之心者。人類相愛之天性，固如是也。見人之危難而不之救，必非人情。日汩於利己之計較，以養成凉薄之習，則或忍而爲此耳。夫人苟不能挺身以赴人之急，則又安望其能殉社會、殉國家乎？華盛頓嘗投身奔湍，以救瀕死之孺子，其異日能犧牲其身，以爲十三州之同胞，脱英國之軛，而建獨立之國者，要亦由有此心耳。夫處死生一髮之間，而能臨機立斷，固由其愛情之摯，而亦必有毅力以達之，此則有賴於平日涵養之功者也。

看護傳染病

當衡輕重

救人疾病，雖不必有挺身赴難之危險，而於傳染之病，爲之看護，則直與殉之以身無異，非有至高之道德心者，不能爲之。苟其人之地位，與國家社會有重大之關係，又或有侍奉父母之責，而輕以身試，亦爲非宜，此則所當衡其輕重者也。

推己及人

僞善沽名

濟人以財，不必較其數之多寡，而其情至爲可嘉，受之者尤不可不感佩之。蓋損己所餘以周人之不足，是誠能推己及人，而發於其友愛族類之本心者也。慈善之所以可貴，即在於此。若乃本無博愛之心，而徒仿一二慈善之迹，以博虚名，則所施雖多，而其價值，乃不如少許之出於至誠者。且其僞善沽名，適以害德，而受施之人，亦安能歷久不忘耶？

市恩

博愛者之慈善，惟慮其力之不周，而人之感我與否，初非所計。即使人不感我，其是非固屬於其人，而於我之行善，曾何傷焉？若乃怒人之忘德，而遽徹其慈善，是吾之慈善，專爲市恩而設，豈博愛者之所爲乎？惟受人之恩而忘之者，其爲不德，尤易見耳。

倚賴心

博愛者，非徒曰吾行慈善而已。其所以行之者，亦不可以無法。蓋愛人以德，當爲圖永久之福利，而非使逞快一時。若不審其相需之故，而漫焉施之，受者或隨得隨費，不知節制，則吾之所施，於人奚益？世固有習於荒怠之人，不務自立，而以仰給於人爲得計。吾苟墮其術中，則適以助長其倚賴心，而使永無自振之一日。愛之而適以害之，是不可不致意焉。

人與人之關係

夫如是，則博愛之爲美德，誠彰彰矣。然非擴而充之，以開世務，興公益，則吾人對於社會之本務，猶不能無遺憾。何則？吾人處於社會，則與社會中之人人，皆有關係。而社會中人人與公益之關係，雖不必如疾病患難者待救之孔亟，而要其爲相需則一也。吾但見疾病患難之待救，而不顧人人所需之公益，毋乃持其偏而忘其全，得其小而遺其大者乎？

隨分應器各圖公益

夫人才力不同，職務尤異，合全社會之人，而求其立同一之功業，勢必不能。然而隨分應器，各圖公益，則何不可之有。農工商賈，任利用厚生之務①；學士大夫，存移風易俗之心。苟其有裨於社會，則其事雖殊，其效一也。人生有涯，局局身家之間，而於世無補，暨其没也，貧富智愚，同歸於盡。惟夫建立功業，有裨社會，則身没而功業不與之俱盡，始不爲虛生人世，而一生所受於社會之福利，亦庶幾無忝矣。

發揚國華

所謂公益者，非必以目前之功利爲準也。如文學美術，其成效常若無迹象之可尋，然所以拓國民之智識，而高尚其品性者，必由於此。是以天才英絶之士，宜超然功利之外，而一以發揚國華爲志。不蹈前人陳迹，不拾外人糟粕，抒其性靈，以摩盪

① 利用厚生：利用，物盡其用。厚生，使民生計温厚，衣食豐足。利用厚生，指合理使用財物，使民生活寬裕。《尚書·大禹謨》：「正德、利用、厚生、惟和。」

社會①。如明星之粲於長夜，美花之映於座隅。則無形之中，社會實受其賜。有如一國富强，甲於天下，而其文藝學術，一無可以表見，則千載而後，誰復知其名者？而古昔既墟之國，以文學美術之力，垂名百世，迄今不朽者，往往而有，此豈可忽視者歟？不惟此也，即社會至顯之事，亦不宜安近功而忘遠慮。常宜規模遠大，以遺餉後人。否則社會之進步，不可得而期也。是故有爲之士，所規畫者，其事固或非一手一足之烈，而其利亦能歷久而不渝，此則人生最大之博愛也。

量力捐財，以助公益，此人之所能爲，而後世子孫，與享其利，較之飲食徵逐之費，一眴即盡者②，其價值何如乎？例如修河渠、繕堤防、築港埠、開道路、拓荒蕪、設醫院、建學校，皆是。而其中以建學校爲最有益於社會之文明。又如私設圖書館，縱人觀覽，其效亦同。其他若設育嬰堂、養老院等，亦爲博愛事業之高尚者。社會文明

① 摩盪：《周易·繫辭上》：「剛柔相摩，八卦相蕩。」唐孔穎達疏：「陽剛而陰柔，故剛柔共相切摩，更遞變化也。」摩蕩，即摩盪，此指潛移默化，逐漸影響。

② 眴：音shùn，同瞬。

之程度，即於此等公益之盛衰而測之矣。

圖公益者，又有極宜注意之事，即慎勿以公益之名，興無用之事是也。好事之流，往往爲美名所眩，不審其利害何若，倉卒舉事，動輒蹉跌①，則又去而之他。若是者，不特自損，且足爲利己者所藉口，而以沮喪向善者之心，此不可不慎之於始者也。

藉公益以沽名者

實行公益者

又有藉公益以沽名者，則其迹雖有時與實行公益者無異，而其心迥別，或且不免有倒行逆施之事。何則？其目的在名，則苟可以得名也，而他非所計，雖其事似益而實損，猶將爲之。實行公益者則不然。其目的在公益，苟其有益於社會也，雖或受無識者之謗議，而亦不爲之阻。此則兩者心術之不同，而其成績亦大相懸殊矣。

愛護公共之物

人既知公益之當興，則社會公共之事物，不可不鄭重而愛護之。凡人於公共之物，關係較疏，則有漫不經意者。損傷破毀，視爲常事。此亦公德淺薄之一端也。夫人既知他人之財物不可以侵，而不悟社會公共之物，更爲貴重者，何歟？且人既知毀

① 蹉跌：失足。漢蔡邕《釋誨》：「睹曖昧之利而忘昭晢之害，專必成之功而忽蹉跌之敗者已。」

歐美之人崇重公共事物

人之物，無論大小，皆有賠償之責，今公然毀損社會公共之物，而不任其賠償者，何歟？如學堂諸生，每有抹壁唾地之事，而公園花卉、道路蔭木，經行者或無端而攀折之。至於青年子弟，詣神廟佛寺，又或倒燈覆甃①，自以爲快。此皆無賴之事，而有悖於公德者也。歐美各國，人人崇重公共事物，習以爲俗。損傷破毀之事，始不可見。公園椅榻之屬，間以公共愛護之言，書於其背。此誠一種之美風，而我國人所當奉爲圭臬者也②。國民公德之程度，視其對於公共事物如何。一木一石之微，於社會利害，雖若無大關係，而足以表見國民公德之淺深。則其關係，亦不可謂小矣。

① 甃：音zhòu，井壁。此指井。

② 圭臬：圭，測日影的儀器。臬，音niè，測廣狹的儀器。圭臬，標準。

## 第六節　禮讓及威儀

凡事皆有公理，而社會行習之間，必不能事事以公理繩之。苟一切繩之以理，而寸步不以讓人，則不勝衝突之弊，而人人無幸福之可言矣。且人常不免爲感情所左右，自非豁達大度之人，於他人之言行，不慊吾意，則輒引似是而非之理以糾彈之，衝突之弊，多起於此。於是乎有禮讓以爲之調和，而彼此之感情，始不至於衝突焉。

禮讓

人之有禮讓，其猶車轄之脂乎？能使人交際圓滑，在温情和氣之間，以完其交際之本意。欲保維社會之平和，而增進其幸福，殆不可一日無者也。

禮以保秩序

禮者，因人之親疏等差，而以保其秩序者也。其要在不傷彼我之感情，而互表其相愛相敬之誠。或有以是爲虛文者，謬也。

禮之本始，由人人有互相愛敬之誠，而自發於容貌。蓋人情本不相遠，而其生活

禮本於習慣

禮以愛敬爲本

外國交際之禮宜致意

之狀態，大略相同，則其感情之發乎外而爲拜揖送迎之儀節，亦自不得不同，因襲既久，成爲慣例，此自然之理也。故一國之禮，本於先民千百年之習慣，不宜輒以私意删改之。蓋崇重一國之習慣，即所以崇重一國之秩序也。

夫禮，既本乎感情而發爲儀節，則其儀節，必爲感情之所發見，而後謂之禮。否則意所不屬，而徒拘牽於形式之間，是芻狗耳①。儀節愈繁，而心情愈鄙，自非徇浮華、好諂諛之人，又孰能受而不斥者？故禮以愛敬爲本。

愛敬之情，人類所同也，而其儀節，則隨其社會中生活之狀態，而不能無異同。近時國際公私之交，大擴於古昔，交際之儀節，有不可以拘墟者②。故中流以上之人，

---

① 芻狗：古代結草爲狗，用於祭祀，祭畢弃之。此謂徒有形式，不爲人重。《老子》第五章：「天地不仁，以萬物爲芻狗；聖人不仁，以百姓爲芻狗。」《莊子·天運》：「夫芻狗之未陳也，盛以篋衍，巾以文綉，尸祝齋戒以將之。及其已陳也，行者踐其首脊，蘇者取而爨之而已。」《釋文》引晋李頤云：「結芻爲狗，巫祝用之。」

② 拘墟：拘於所居之地。又作拘虚。《莊子·秋水》：「井蛙不可以語於海者，拘於虚也。」謂拘於一隅，見聞不廣。

謙讓

思想自由信仰自由

温良謙恭薄責於人

於外國交際之禮，亦不可不致意焉。

讓之爲用，與禮略同。使人人互不相讓，則日常言論，即生意見，親舊交際，動輒齟齬。故敬愛他人者，不務立異，不炫所長，務以成人之美。蓋自異自眩，何益於己，徒足以取厭啓争耳。虚心平氣，好察邇言①，取其善而不翹其過②，此則謙讓之美德，而交際之要道也。

排斥他人之思想與信仰，亦不讓之一也。精神界之科學，尚非人智所能獨斷。人我所見不同，未必我果是而人果非，此文明國憲法，所以有思想自由、信仰自由之則也。苟當討論學術之時，是非之間，不能并立；又或於履行實事之際，利害之點，所見相反，則誠不能不各以所見，互相駁詰，必得其是非之所在而後已。然亦宜平心以求學理事理之關係，而不得參以好勝立異之私意。至於日常交際，則他人言説雖與己意不合，何所容其攻詰？如其爲之，亦徒彼此忿争，各無所得已耳。温良謙恭，薄責於

① 好察邇言：《禮記·中庸》：「舜好問，好察邇言。」邇言，謂左右親近之言。

② 翹：舉。

人，此不可不注意者。至於宗教之信仰，自其人觀之，一則爲生活之標準，一則爲道德之理想，吾人決不可以輕侮嘲弄之態，侵犯其自由也。

由是觀之，禮讓者，皆所以持交際之秩序，而免其齟齬者也。然人固非特各人之交際而已，於社會全體，亦不可無儀節以相應，則所謂威儀也。

威儀

感情相應

威儀者，對於社會之禮讓也。人嘗有於親故之間，不失禮讓，而對於社會，不免有粗野傲慢之失者，是亦不思故耳。同處一社會中，則其人雖有親疏之別，而要必互有關係，苟人人自親故以外，即復任意自肆，不顧取厭，則社會之愛力，爲之減殺矣。有如垢衣被髮，呼號道路，其人雖若自由，而使觀之者不勝其厭忌，可謂之不得罪於社會乎？凡社會事物各有其習慣之典例，雖違者無禁，犯者無罰，而使見而不快，聞而不慊，則其爲損於人生之幸福者爲何如耶！古人有言，滿堂飲酒，有一人向隅而泣，則舉座爲之不歡。言感情之相應也。乃或於置酒高會之時，白眼加人，夜郎自大，甚或罵座擲杯，凌侮儕輩，則豈非蠻野之遺風，而不知禮讓爲何物者歟？歐美諸國士夫，於宴會中，不談政治，不說宗教，以其易啓爭端，妨人歡笑，此亦美風也。

凡人見邀赴會，必豫審其性質如何，而務不失其相應之儀表。如會葬之際，談笑自如，是爲幸人之灾，無禮已甚。凡類此者，皆不可不致意也。

# 第四章　國　家

## 第一節 總論

國家

國也者，非徒有土地有人民之謂，謂以獨立全能之主權，而統治其居於同一土地之人民者也。又謂之國家者，則以視一國如一家之故。是故國者，吾人感覺中有形之名；而國家者，吾人理想中無形之名也。

國爲家之大者

國爲一家之大者，國人猶家人也。於多數國人之中而有代表主權之元首，猶於若干家人之中而有代表其主權之家主也。家主有統治之權，以保護家人之權利，而使之各盡其本務。國家亦然，元首率百官以統治人民，亦所以保護國民之權利，而使各盡其本務，以報效於國家也。

國民顧私之害

使一家之人，不奉其家主之命，而弃其本務，則一家離散，而家族均被其禍。一國之民，各顧其私，而不知奉公，則一國擾亂，而人民亦不能安其堵焉。

權利義務二者相因

凡有權利，則必有與之相當之義務。而有義務，則亦必有與之相當之權利。二

享權利必盡義務

者相因，不可偏廢。我有行一事、保一物之權利，則彼即有不得妨我一事、奪我一物之義務，此國家與私人之所同也。是故國家既有保護人之義務，則必有可以行其義務之權利。而人民既有享受國家保護之權利，則其對於國家，必有當盡之義務，蓋可知也。

權利無差等

人之權利，本無等差，以其大綱言之，如生活之權利、職業之權利、財産之權利、思想之權利，非人人所同有乎！我有此權利，而人或侵之，則我得而抵抗之。若不得已，則藉國家之權力以防遏之。是謂人人所有之權利，而國家所宜引爲義務者也。國家對於此事之權利，謂之公權，即國家所以成立之本。請詳言之。

公權

自衛權

人之權利，爲他人所侵，則得而抵抗之，是謂自衛權，人人所當有也。然使此自衛權漫無制限，則流弊甚大。如二人意見不合，不必相妨也，而或且以權利被侵爲口實。由此例推，則使人人得濫用其自衛權，而不受公權之限制，則無謂之爭閲，將日增一日矣。

自衛權之限制

於是乎有國家之公權，以代各人之自衛權。而人人不必自危，亦不得自肆，公平

國家以權力而成立

鞏固國家之權力

正直，各得其所焉。夫國家既有爲人防衛之權利，則即有防衛衆人之義務。義務愈大，則權力亦愈大。故曰：國家之所以成立者，權力也。

國家既以權力而成立，則欲安全其國家者，不可不鞏固其國家之權力，而慎勿毁損之，此即人民對於國家之本務也。

遵法律之本務

無法律則國家亡

國民恪遵法律

法律雖不允當仍須遵守

## 第二節　法　律

吾人對於國家之本務，以遵法律爲第一義。何則？法律者，維持國家之大綱，吾人必由此而始能保有其權利者也。人之意志，恒不免爲感情所動，爲私欲所誘，以致有損人利己之舉動。所以矯其偏私而納諸中正，使人人得保其平等之權利者，法律也。無論公私之際，有以防强暴、折姦邪，使不得不服從正義者，法律也。維持一國之獨立，保全一國之利福者，亦法律也。是故國而無法律，或有之而國民不之遵也，則盜賊横行，姦邪跋扈，國家之淪亡，可立而待。否則法律修明，國民恪遵而勿失，則社會之秩序，由之而不紊，人民之事業，由之而無擾，人人得盡其心力，以從事於職業，而安享其效果，是皆法律之賜。而要非國民恪遵法律，不足以致此也。顧世人知法律之當遵矣，而又謂法律不皆允當，不妨以意爲從違，是徒啓不遵法律之端者也。夫一國之法律，本不能悉中情理。或由議法之人，知識淺隘。或以政黨之故，意見偏頗。亦有立

法弊尚勝於無法

法律之大別

遵法律須敬官吏

法之初，適合社會情勢，歷久則社會之情勢漸變，而法律如故，因不能無方鑿圓枘之弊①。此皆國家所不能免者也。既有此弊法，則政府固當速圖改革，而人民亦得以其所見要求政府，使必改革而後已。惟其新法未定之期，則不能不暫據舊法，以維持目前之治安。何則？其法雖弊，尚勝於無法也。若無端抉而去之，則其弊可勝言乎？

法律之别頗多，而大别之爲三：政法、刑法、民法是也。政法者，所以規定政府之體裁，及政府與人民之關係者也。刑法者，所以預防政府及人民權利之障害，及罰其違犯者也。民法者，所以規定人民與人民之關係，防將來之争端，而又以判臨時之曲直者也。

官吏者，據法治事之人。國民既遵法律，則務勿撓執法者之權而且敬之。非敬其人，敬執法之權也。且法律者，國家之法律，官吏執法，有代表國家之任，吾人又以愛重國家之故而敬官吏也。官吏非有學術才能者不能任。學士能人，人知敬之，而官吏

① 方鑿圓枘：鑿，音zuò，穿孔，這裏指榫卯。方鑿，方形的榫卯。枘，音ruì，榫頭。圓枘，圓形的榫頭。方鑿圓枘，是説方形的榫卯和圓形的榫頭不能相入。周宋玉《九辯》：「圓鑿而方枘兮，吾固知其鉏鋙而難入。」

國民當敬元首

獨不足敬乎？

官吏之長，是爲元首。立憲之國，或戴君主，或舉總統，而要其爲官吏之長一也。既知官吏之當敬，而國民之當敬元首，無待煩言，此亦尊重法律之意也。

## 第三節　租　税

納租稅之本務

家無財產，則不能保護其子女，惟國亦然。苟無財產，亦不能保護其人民。蓋國家內備姦宄，外禦敵國，不能不有水陸軍，及其應用之艦壘器械及糧餉。國家執行法律，不能不有法院、監獄。國家圖全國人民之幸福，不能不修道路、開溝渠、設燈臺、啓公園、立學堂、建醫院，及經營一切公益之事。凡此諸事，無不有任事之人，而任事者不能不給以禄俸。然則國家應出之經費，其浩大可想也。而擔任此費者，厥維享有國家各種利益之人民，此人民所以有納租稅之義務也。

國家應有經費

人民之當納租稅，人人知之，而間有苟求幸免者。營業則匿其歲入，不以實報。運貨則繞越關津，希圖漏稅。其他舞弊營私，大率類此。是上則虧損國家，而自荒其義務；下則卸其責任之一部，以分擔於他人。故以國民之本務繩之，謂之無愛國心；而以私人之道德繩之，亦不免於欺罔之罪矣。

租稅不可幸免

## 第四節　兵役

服兵役之本務

國家者，非一人之國家，全國人民所集合而成者也。國家有慶，全國之人與享之。則國家有急，全國之人亦必與救之。國家之有兵役，所以備不虞之急者也。是以國民之當服兵役，與納租税同，非迫於法律不得已而爲之，實國民之義務，不能自已者也。

國家與兵力之關係

國之有兵，猶家之有閽人焉①。其有城堡、戰艦也②，猶家之有門墻焉。家而無門墻，無閽人，則盗賊接踵，家人不得高枕無憂。國而無城堡、戰艦，無守兵，則外侮四逼，國民亦何以聊生耶？且方今之世，交通利便，吾國之人，工商於海外者，實繁有徒，自非祖國海軍，游弋重洋，則夫遠游數萬里外，與五方雜處之民，角什一之利者，亦安能不受凌侮哉？國家之兵力，所關於互市之利者，亦非鮮矣。

① 閽人：閽，音kūn，門檻。閽人，守衛門户之人。

② 戰艦：原作「戰堡」，據下文改。

國民不可不服兵役

國家兵力之關係如此，亦夫人而知之矣。然人情畏勞而惡死，一旦別父母，弃妻子，舍其本業而從事於壘艦之中，平日起居服食，一爲軍紀所束縛，而不得自由，即有事變，則挺身彈刃之中，争死生於一瞬，故往往有却顧而不前者。不知全國之人，苟人人以服兵役爲畏途，則轉瞬國亡家破，求幸生而卒不可得。如人人委身於兵役，則不必果以戰死，而國家强盛，人民全被其賜，此不待智者而可决。而人民又烏得不以服兵役爲義務歟？

方今世界不可無兵

方今世界，各國無不以擴張軍備爲第一義。雖有萬國公法以爲列國交際之準，又屢開萬國平和會於海牙，若各以啓釁爲戒者，而實則包藏禍心，恒思蹈瑕抵隙，以求一逞。名爲平和，而實則亂世。一旦猝遇事變，如颶風忽作，波濤汹涌，其勢有不可測者。然則有國家者，安得不預爲之所耶？

## 第五節　教育

教育子女之本務

爲父母者，以體育、德育、智育種種之法，教育其子女，有二因焉：一則使之壯而自立，無墜其先業。一則使之賢而有才，效用於國家。前者爲尋常父母之本務，後者則對於國家之本務也。誠使教子女者，能使其體魄足以堪勞苦、勤職業，其知識足以判事理，其技能足以資生活，其德行足以爲國家之良民，則非特善爲其子女，而且對於國家，亦無歉於義務矣。

教育與國家之關係

夫人類循自然之理法，相集合而爲社會、爲國家，自非智德齊等，殆不足以相生相養，而保其生命，享其福利。然則有子女者，烏得怠其本務歟？

教育與國家之關係

一國之中，人民之賢愚勤惰，與其國運有至大之關係。故欲保持其國運者，不可不以國民教育，施於其子弟。苟或以姑息爲愛①，養成放縱之習；即不然，而僅以利

① 姑息：無原則的寬容。《禮記·檀弓》：「君子之愛人也以德，細人之愛人也以姑息。」漢鄭玄注：「息猶安也，言苟容取安。」

己主義教育之，則皆不免貽國家以泮渙之戚。而全國之人，交受其弊，其子弟亦烏能幸免乎？蓋各國風俗習慣歷史政制，各不相同，則教育之法，不得不異。所謂國民教育者，原本祖國體制，又審察國民固有之性質，而參互以制定之。其制定之權，即在國家，所以免教育主義之衝突，而造就全國人民，使皆有國民之資格者也。是以專門之教育，雖不妨人人各從其所好；而普通教育，則不可不以國民教育爲準，有子女者慎之。

## 第六節　愛國

愛戀土地爲愛國之濫觴

愛國心者，起於人民與國土之感情，猶家人之愛其居室田産也。行國之民，逐水草而徙，無定居之地，則無所謂愛國。及其土著也，畫封疆，闢草萊，耕耘建築，盡瘁於斯，而後有愛戀土地之心，是謂愛國之濫觴。至於土地漸廓，有城郭焉，有都邑焉，有政府百執事焉。自其法律典例之成立，風俗習慣之沿革，與夫言語文章之應用，皆畫然自成爲一國，而又與他國相交涉，於是乎愛國之心，始爲人民之義務矣。

愛國心與國運之關係

愛國心爲國之元氣

人民愛國心之消長，爲國運之消長所關。有國於此，其所以組織國家之具，雖莫不備，而國民之愛國心，獨無以副之，則一國之元氣，不可得而振興也。彼其國土同、民族同、言語同、習慣風俗同，非不足以使人民有休戚相關之感情。而且政府同、法律同、文獻傳説同，亦非不足以使人民有協同從事之興會①。然苟非有愛國心以爲之中堅，則其民可與共安樂，而不可與共患難。事變猝起，不能保其之死而靡他也②。故愛國之心，實爲一國之命脉。有之，則一切國家之原質，皆可以陶冶於其爐錘之中。無之，則其餘皆駢枝也③。

愛國之心，雖人人所固有，而因其性質之不同，不能無强弱多寡之差。既已視爲義務，則人人以此自勉，而後能以其愛情實現於行事，且亦能一致其趣向，而無所參差也。

人民之愛國心，恒隨國運爲盛衰。大抵一國當將盛之時，若垂亡之時，或際會大事之時，則國民之愛國心，恒較爲發達。國之將興也，人人自奮，思以其國力冠絶世

① 興會：興致。興，音xìng。

② 之死而靡他：《詩經·鄘風·柏舟》：「之死矢靡它。」謂至死誓無他心。

③ 駢枝：喻多餘。《莊子·駢拇》：「是故駢於足者，連無用之肉也。枝於手者，樹無用之指也。」

界，其勇往之氣，如日方升。昔羅馬暴盛之時，名將輩出，士卒致死，因而并吞四鄰，其已事也①。國之將衰也，或其際會大事也，人人懼祖國之淪亡，激厲忠義，挺身赴難，以挽狂瀾於既倒，其悲壯沈痛亦有足偉者，如亞爾那温克特里之於瑞士②、哥修士孤之於波蘭是也③。

由是觀之，愛國心者，本起於人民與國土相關之感情，而又爲組織國家最要之原質，足以挽將衰之國運，而使之隆盛，實國民最大之義務，而不可不三致意者焉。

① 已事：《周易·損卦》：「已事遄往。」已，竟，完成。遄，音chuán，快速。魏王弼注：「事已則往，不敢宴安。」又《漢書·賈誼傳》：「夫三代之所以長久者，其已事可知也。」已事謂往事，歷史。

② 亞爾那温克特里：瑞士民族英雄，通行譯名「阿諾德·馮·温克里德」，死於一三八六年森帕赫戰役。

③ 哥修士孤（一七四六—一八一七）：波蘭軍隊領導人，通行譯名「塔德烏什·柯斯丘什科」。

國民當知外交

一國猶一人

國家自衛之權

## 第七節　國際及人類

大地之上，獨立之國，凡數十。彼我之間，聘問往來，亦自有當盡之本務。此雖外交當局者之任，而爲國民者，亦不可不通知其大體也。

以道德言之，一國猶一人也，惟大小不同耳。國有主權，猶人之有心性。其有法律，猶人之有意志也。其維安寧，求福利，保有財産、名譽，亦猶人權之不可侵焉。

國家既有不可侵之權利，則各國互相愛重，而莫或相侵，此爲國際之本務。或其一國之權利，爲他國所侵，則得而抗拒之，亦猶私人之有正當防衛之權焉。惟其施行之術，與私人不同。私人之自衛，特在法律不及保護之時，苟非迫不及待，則不可不待正於國權。國家則不然，各國并峙，未嘗有最高之公權以控制之，雖有萬國公法，而亦無强迫執行之力。故一國之權利，苟被侵害，則自衛之外，別無他策。而所以實行自衛之道者，戰而已矣。

戰之理，雖起於正當自衛之權，而其權不受控制，國家得自由發斂之，故常爲野心者之所濫用。大凌小，强侮弱，雖以今日盛唱國際道德之時，猶不能免。惟列國各盡其防衛之術，處攻勢者，未必有十全之勝算，則苟非必不得已之時，亦皆憚於先發。於是國際齟齬之端，間亦恃萬國公法之成文以公斷之，而得免於戰禍焉。

戰爲不得已之事

然使兩國之争端，不能取平於樽俎之間，則不得不以戰役決之。開戰以後，苟有可以求勝者，皆將無所忌而爲之，必屈敵人而後已。惟敵人既屈，則目的已達，而戰役亦於是畢焉。

戰時之道德

開戰之時，於敵國兵士，或殺傷之，或俘囚之，以殺其戰鬥力，本爲戰國應有之權利。惟其婦孺及平民之不携兵器者，既不與戰役，即不得加以戮辱。敵國之城郭堡壘，固不免於破壞。而其他工程之無關戰役者，亦不得妄有毀損，或占有之，以爲他日賠償之保證，則可也。其在海戰，可以捕敵國船艦，而其權惟屬於國家，若縱兵鹵掠，則與盜賊奚擇焉？

在昔人文未開之時，戰勝者往往焚敵國都市，掠其金帛子女，是謂藉戰勝之餘

國際道德之進步

威，以逞私欲，其戾於國際之道德甚矣。近世公法漸明，則戰勝者之權利，亦已漸有範圍，而不至復如昔日之橫暴，則亦道德進步之一徵也。

國家者，積人而成，使人人實踐道德，而無或悖焉，則國家亦必無非理悖德之舉可知也。方今國際道德，雖較進於往昔，而野蠻之遺風，時或不免，是亦由於人類道德之未盡善，而不可不更求進步者也。

待遇人類之道

人類之聚處，雖區別爲各家族、各社會、各國家，而離其各種區別之界限而言之，則彼此同爲人類。故無論家族有親疏，社會有差等，國家有與國、敵國之不同①，而既已同爲人類，則又自有其互相待遇之本務可知也。

人我同享其利

人類相待之本務如何？曰：無有害於人類全體之幸福，助其進步，使人我同享其利而已。夫篤於家族者，或不免漠然於社會，然而社會之本務，初不與家族之本務相妨。忠於社會者，或不免不經意於國家，然而國家之本務，乃適與社會之本務相成。

① 與國：友好國家。與，音yǔ。《戰國策·齊策二》：「韓齊爲與國。」漢高誘注：「相與爲黨與也，有患難相救助也。」

然則愛國之士，屏斥世界主義者，其未知人類相待之本務，固未嘗與國家之本務相衝突也。

譬如兩國開戰，以互相殺傷爲務者也。然而有紅十字會者，不問其傷者爲何國之人，悉噢咻而撫循之①，初未嘗與國家主義有背也。夫兩國開戰之時，人類相待之本務，尚不以是而間斷，則平日蓋可知矣。

① 噢咻：音yǔxiū，撫慰病者的聲音。唐陸贄《奉天請罷瓊林大盈二庫狀》：「瘡痛呻吟之聲，噢咻未息。忠勤戰守之效，賞賚未行。」

# 第五章　职　业

人不可無職業

游民爲社會之公敵

利用資財之道

## 第一節　總論

凡人不可以無職業，何則？無職業者，不足以自存也。人雖有先人遺産，苟優游度日，不講所以保守維持之之道，則亦有不免於喪失者。且世變無常，千金之子，驟失其憑藉者，所在多有，非素有職業，亦奚以免於凍餒乎？

有人於此，無材無藝，襲父祖之遺財，而安於怠廢，以道德言之，謂之游民。游民者，社會之公敵也。不惟此也，人之身體精神，不用之，則不特無由暢發，而且日即於耗廢，過逸之弊，足以戕其天年。爲財産而自累，愚亦甚矣。既有此資財，則奚不利用之，以講求學術，或捐助國家，或興舉公益，或旅行遠近之地，或爲人任奔走周旋之勞，凡此皆所以益人裨世，而又可以自練其身體及精神，以增進其智德。較之飽食終日，以多財自累者，其利害得失，不可同日而語矣。夫富者，爲社會所不可少，即貨殖之道，亦不失爲一種之職業，但能善理其財，而又能善用之以有裨於社會，則又孰能以無職業之人目之耶？

選擇職業

人不可無職業，而職業又不可無選擇。蓋人之性質，於素所不喜之事，雖勉强從事，輒不免事倍而功半。從其所好，則勞而不倦，往往極其造詣之精，而漸有所闡明。故選擇職業，必任各人之自由，而不可以他人干涉之。

自擇職業不可不慎

自擇職業，亦不可以不慎。蓋人之於職業，不惟其趣向之合否而已，又於其各種憑藉之資，大有關係。嘗有才識不出中庸，而終身自得其樂。或抱奇才異能，而以坎軻不遇終者。甚或意匠慘淡①，發明器械，而絀於資材，賫志以没。世界蓋嘗有多許之奈端、瓦特其人②，而成功如奈端、瓦特者卒鮮，良可慨也。是以自擇職業者，慎勿輕率妄斷，必詳審職業之性質，與其義務，果與己之能力及境遇相當否乎，即不能輒決，

① 意匠慘淡：唐杜甫《丹青引贈曹將軍霸》：「詔謂將軍拂絹素，意匠慘淡經營中。」意匠，謂作文繪畫時精心構思。慘淡，用淺淡的顏色勾畫輪廓。經營，規畫，謀篇布局。慘淡經營，指盡心規畫。

② 奈端：今通譯爲「牛頓」。

則參稽於老成練達之人，其亦可也。

職業無高下

凡一職業中，莫不有特享榮譽之人。蓋職業無所謂高下，而榮譽之得否，仍關乎其人也。其人而賢，則雖屠釣之業，亦未嘗不可以顯名，惟擇其所宜而已矣。

襲父兄職業之利便

承平之世，子弟襲父兄之業，至爲利便。何則？幼而狎之，長而習之，耳濡目染，其理論方法，半已領會於無意之中也。且人之性情，有所謂遺傳者。自高曾以來①，歷代研究，其官能每有特别發達之點，而器械圖書，亦復積久益備，然則父子相承，較之崛起而立業，其難易遲速，誠不可同年而語。我國古昔，如曆算、醫藥之學，率爲世業，而近世音律、圖畫之技，亦多此例，其明徵也。惟人之性質，不易揆以一例，重以外界各種之關係，亦非無齟齬於世業者，此則不妨别審所宜，而未可以膠柱而鼓瑟者也②。

---

① 高曾：高祖、曾祖，謂祖先。漢班固《西都賦》：「商修族世之所鬻，工用高曾之規矩。」

② 膠柱而鼓瑟：膠住瑟的弦柱，鼓瑟時無法調音，比喻拘泥而不知變通。《史記·廉頗藺相如列傳》：「藺相如曰：王以名使括（趙括），若膠柱而鼓瑟耳。括徒能讀其父書傳，不知合變也。」

勞心勞力之分

自昔區別職業，爲士、農、工、商四者，不免失之太簡，泰西學者，以計學之理區別之者，則又人自爲説。今核之於道德，則不必問其業務之異同，而第以義務如何爲標準，如勞心、勞力之分，其一例也。而以人類生計之關係言之，則可大别爲二類：一出其資本以營業，而藉勞力於人者；一出其能力以任事，而受酬報於人者。甲爲傭者，乙爲被傭者。二者義務各異，今先概論之，而後及專門職業之義務焉。

## 第二節　傭者及被傭者

傭者之本務

傭者以正當之資本，若智力，對於被傭者，而命以事務給以傭值者也。其本務如左：

給工值之法

凡給於被傭者之值，宜視普通工值之率而稍豐贍之，第不可以同盟罷工，或他種迫脅之故而驟豐其值。若平日無先見之明，過嗇其值，一遇事變，即不能固持，而悉如被傭者之所要求，則鮮有不出入懸殊，而自敗其業者。

傭者宜保護被傭者

傭者之於被傭者，不能謂值之外，別無本務，蓋尚有保護愛撫之責。雖被傭者未嘗要求及此，而傭者要不可以不自盡也。如被傭者當勞作之時，猝有疾病事故，務宜用意周恤。其他若教育子女、保全財産、激厲貯蓄之法，亦宜代爲謀之。惟當行以誠懇惻怛之意[1]，而不可過於干涉。蓋干涉太過，則被傭者不免自放其責任，而失其品格也。

① 惻怛：同情。怛，音dá。

役使不可過酷

傭者之役使被傭者，其時刻及程度，皆當有制限，而不可失之過酷，其在婦稚，尤宜善視之。

凡被傭者，大抵以貧困故，受教育較淺，故往往少遠慮，而不以貯蓄爲意。業繁而值裕，則濫費無節；業耗而傭儉，則口腹不給矣。故傭者宜審其情形，爲設立保險公司、貯蓄銀行，或其他慈善事業，爲割其傭值之一部以充之，俾得備不時之需。如見有博奕飲酒、耽逸樂而害身體者，宜懇切勸諭之。

被傭者之本務

凡被傭者之本務，適與傭者之本務相對待。

資財勞力相交易

被傭者之於傭者，宜摯實勤勉，不可存嫉妒猜疑之心。蓋彼以有資本之故，而購吾勞力。吾以能操作之故，而取彼資財。此亦社會分業之通例，而自有兩利之道者也。

怠惰放佚之害

被傭者之操作，不特爲對於傭者之義務，而亦爲自己之利益。蓋怠惰放佚，不惟不利於傭者，而於己亦何利焉？故摯實勤勉，實爲被傭者至切之本務也。

休假日之行樂

休假之日，自有樂事，然亦宜擇其無損者。如沈湎放蕩，務宜戒之。若能乘此暇日，爲親戚朋友協助有益之事，則尤善矣。

凡人之職業，本無高下貴賤之别。高下貴賤，在其人之品格，而於職業無關也。被傭者苟能以暇日研究學理、尋覽報章雜志之屬，以通曉時事，或聽絲竹、觀圖畫、植花木，以優美其胸襟，又何患品格之不高尚耶？

傭值不宜要求過多

傭值之多寡，恒視其製作品之售價以爲準。自被傭者觀之，自必多多益善，然亦不能不準之於定率。若要求過多，甚至糾結朋黨，挾衆力以脅主人，則亦謬矣。有欲定畫一之傭值者，有欲專以時間之長短，爲傭值多寡之準者，是皆謬見也。

勞力與報酬相爲比例

蓋被傭者，技能有高下，操作有勤惰，責任有重輕，其傭值本不可以齊等。要在以勞力與報酬，相爲比例，否則適足以勸惰慢耳。惟被傭者，或以疾病事故，不能執役，而傭者仍給以平日之值，與他傭同，此則特别之惠，而未可視爲常例者也。

恒産恒心

孟子有言，無恒産者無恒心。此實被傭者之通病也。惟無恒心，故動輒被人指嗾①，而爲疏忽暴戾之舉。其思想本不免偏於同業利益，而忘他人之休戚。又常以濫

① 指嗾：嗾，音sǒu，唤狗聲。指嗾，指被人教唆幹壞事。

費無節之故，而流於困乏。則一旦紛起，雖同業之利益，亦有所不顧矣。此皆無恒心之咎，而其因半由於無恒産。故爲被傭者圖久長之計，非平日積恒産而養恒心不可也。

農夫最重地産，故安土重遷，而能致意於鄉黨之利害，其摯實過於工人。惟其有恒産，是以有恒心也。顧其見聞不出鄉黨之外，而風俗習慣，又以保守先例爲主，往往知有物質，而不知有精神。謀衣食，長子孫，囿於目前之小利，而不遑遠慮。即子女教育，亦多不經意，更何有於社會公益、國家大計耶？故啓發農民，在使知教育之要，與夫各種社會互相維繫之道也。

我國社會間，貧富懸隔之度，尚不至如歐美各國之甚，故均富主義，尚無蔓延之慮。然世運日開，智愚貧富之差，亦隨而日異。智者富者日益富，愚者貧者日益貧，其究也，必不免於懸隔，而彼此之衝突起矣。及今日而預杜其弊，惟在教育農工，增進其智識，使不至永居人下而已。

## 第三節 官吏

傭者及被傭者之關係，爲普通職業之所同。今更將專門職業，舉其尤重要者論之。

官吏之本務

官吏者，執行法律者也。其當具普通之智識，而熟於法律之條文，所不待言。其於職務上所專司之法律，尤當通其原理，庶足以應蕃變之事務，而無失機宜也。

不勤不精之咎

爲官吏者，既具職務上應用之學識，而其才又足以濟之，宜可以稱其職矣。而事或不舉，則不勤不精之咎也。夫職務過繁，未嘗無日不暇給之苦。然使日力有餘，而怠惰以曠其職，則安得不任其咎？其或貌爲勤劬，而治事不循條理，則顧此失彼，亦且勞而無功。故勤與精，實官吏之義務也。世界各種職業，雖半爲自圖生計，而既任其職，則即有對於委任者之義務。况官吏之職，受之國家，其義務之重，有甚於工場商肆者。其職務雖亦有大小輕重之别，而其對於公衆之責任則同。夫安得漫不經意，

負公衆之責任

而以不勤不精者當之耶？

**操守**

勤也精也，皆所以有爲也。然或有爲而無守，則亦不足以任官吏。官吏之操守，所最重者二：曰毋黷貨①，曰毋徇私。官吏各有常俸，在文明之國，所定月俸，足以給其家庭交際之費而有餘。苟其貪黷無厭，或欲有以供無謂之糜費，而於應得俸給以外，或徵求賄賂，或侵蝕公款，則即爲公家之罪人。雖任事有功，亦無以自蓋其愆矣。至於理財徵税之官，尤以此爲第一義也。

**不可徇私意**

官吏之職，公衆之職也。官吏當任事之時，宜弃置其私人之資格，而純以職務上之資格自處。故用人行政，悉不得參以私心。夫徵辟僚屬，誠不能不取資於所識，然所謂所識者，乃識其才之可以勝任，而非交契之謂也。若不問其才，而惟以平日關係之疏密爲斷，則必致僨事②。又或以所治之事，與其戚族朋友有利害之關係，因而上下

---

① 黷貨：貪污納賄。《世説新語·德行》梁劉孝標注：「太尉劉子真清潔有志操，行己有禮。而二子不才，并黷貨致罪。」

② 僨事：僨，音fèn，倒覆。僨事，敗事。《禮記·大學》：「此謂一言僨事，一人定國。」

司法官之本務

知識

其手者①。是皆徇私廢公之舉，官吏宜懸爲厲禁者也。

官吏之職務，如此重要，而司法官之關係則尤大。何也？國家之法律，關於人與人之争訟者，曰民事法；關於生命、財産之罪之刑罰者，曰刑事法。而本此法律以爲裁判者，司法官也。

凡職業各有其專門之知識，爲任此職業者所不可少。而其中如醫生之於生理學，舟師之於航海術，司法官之於法律學，則較之他種職業，義務尤重，以其關於人間生命之權利也。使司法官不審法律精意，而妄斷曲直，則貽害於人間之生命權至大。故任此者，既當有預蓄之知識，而任職以後，亦當以暇日孜孜講求之。

① 上下其手：《左傳》襄公二十六年，楚攻鄭。楚將穿封戌俘獲鄭將皇頡。楚公子圍争其功。請伯州犁裁斷。伯州犁有意偏袒公子圍，審問戰俘皇頡時，故意上其手介紹説：「夫子爲王子圍，寡君之貴介弟。」又下其手介紹説：「此子爲穿封戌，方城外之縣尹也。誰獲子？」皇頡領會伯州犁的暗示，回答説：「頡遇王子，弱焉。」意思是與王子圍遭遇，不敵而被俘。後世以「上下其手」表示執法人員串通作弊，顛倒事實。

公平中正

司法官介立兩造間[①]，當公平中正，勿徇私情，勿避權貴。蓋法庭之上，本無貴賤上下之别也。若乃妄納賕贓[②]，顛倒是非，則其罪爲尤大，不待言矣。

寬嚴得中

寬嚴得中，亦司法者之要務。凡刑事裁判，苟非糾紛錯雜之案，按律擬罪，殆若不難。然寬嚴之際，差以毫厘，謬以千里，亦不可以不慎。至於民事裁判，尤易以意爲出入，慎勿輕心更易之。

戒輕忽

大抵司法官之失職，不盡在學識之不足，而恒失之於輕忽。如集證不完，輕下斷語者是也。又或證據盡得，而思想不足以澈之，則狡妄之供詞、舞文之辨護、僞造之憑證，皆足以眩惑其心，而使之顛倒其曲直。故任此者，不特預儲學識之爲要，而尤當養其清明之心力也。

① 兩造：造，至，到。兩造，指審案時被告、原告雙方都到現場。後以「兩造」指原告、被告兩方。《尚書·吕刑》：「兩造具備，師聽五辭。」

② 賕贓：音qiúzāng，賄賂。

## 第四節　醫生

醫生之本務

醫者，關於人間生死之職業也。其需專門之知識，視他職業爲重。苟其於生理解剖、疾病證候、藥物性效，研究未精，而動輒爲人診治，是何異於挾刃而殺人耶？

守秘密

醫生對於病者，有守秘密之義務。蓋病之種類，亦或有憚人知之者。醫生若無端濫語於人，既足傷病者之感情，且使後來病者，不敢以秘事相告，亦足爲診治之妨礙也。

冒險

醫生當有冒險之性質，如傳染病之類，雖在己亦有危及生命之虞，然不能避而不往。至於外科手術，尤非以沈勇果斷者行之不可也。

懇切

醫生之於病者，尤宜懇切。技術雖精，而不懇切，則不能有十全之功。蓋醫生不得病者之信用，則醫藥之力，已失其半，而治精神病者，尤以信用爲根據也。

醫生當規定病者飲食起居之節度，而使之恪守。若縱其自肆，是適以減殺醫藥之

勿欺

務强健其身體

力也。故醫生當勿欺病者，而務有以鼓勵之。如其病勢危篤，則尤不可不使自知之而自慎之也。

無論何種職業，皆當以康强之身體任之，而醫生爲尤甚。遇有危急之病，祁寒盛暑①，微夜侵晨②，亦皆有所不避。故務强健其身體，始有以赴人之急，而無所濡滯③。如其不能，則不如不任其職也。

① 祁寒：祈，高。祁寒，嚴寒。

② 微夜侵晨：微，深。侵，迫。微夜，深夜。侵晨，破曉。

③ 濡滯：停留，遲滯。

## 第五節 教員

教員之本務

教員所授，有專門學、普通學之别，皆不可無相當之學識。而普通學教員，於教授學科以外，訓練管理之術，尤重要焉。不知教育之學、管理之法，而妄任小學教員，則學生之身心，受其戕賊，而他日必貽害於社會及國家，其罪蓋甚於庸醫之殺人。願任教員者，不可不自量焉。

富知識

教員者，啓學生之知識者也。使教員之知識，本不豐富，則不特講授之際，不能詳密，而學生偶有質問，不免窮於置對，啓學生輕視教員之心，而教授之效，爲之大減。故爲教員者，於其所任之教科，必詳博綜貫，肆應不窮，而後能勝其任也。

教授管理

知識富矣，而不諳教授管理之術，則猶之匣劍帷燈，不能展其長也。蓋授知識於學生者，非若水之於盂，可以挹而注之，必導其領會之機，挈其研究之力，而後能與之俱化，此非精於教授法者不能也。學生有勤惰静躁之别，策其惰者，抑其躁者，使人人皆專意向學，而無互相擾亂之慮，又非精於管理法者不能也。故教員又不可不知教授管理之法。

教員爲學生之模範

教員者，學生之模範也。故教員宜實行道德，以其身爲學生之律度。如衛生宜謹，束身宜嚴，執事宜敏，斷曲直宜公，接人宜和，懲忿而窒欲，去鄙倍而遠暴慢①，則學生日薰其德，其收效勝於口舌倍蓰矣。

① 鄙倍：倍，通背。鄙倍，鄙陋背理。《論語·泰伯》：「君子所貴乎道者三：動容貌，斯遠暴慢矣。正顔色，斯近信矣。出辭氣，斯遠鄙倍矣。」

## 第六節　商　賈

商賈之本務

商賈亦有傭者與被傭者之别。主人爲傭者，而執事者爲被傭者。被傭者之本務，與農工略同。而商業主人，則與農工業之傭者有異。蓋彼不徒有對於被傭者之關係，而又有其職業中之責任也。農家産物之美惡，自有市價，美者價昂，惡者價絀，無自而取巧。工業亦然，其所製作，有精粗之别，則價值亦緣之而爲差。是皆無關於道德者也。惟商家之貨物，及其貿易之法，則不能不以道德繩之，請言其略。

商賈之道德

正直

正直爲百行之本，而於商家爲尤甚。如貨物之與標本，理宜一致。乃或優劣懸殊，甚且性質全異，乘購者一時之不檢，而矯飾以欺之，是則道德界之罪人也。

信用一失受損無窮

且商賈作僞，不特悖於道德而已，抑亦不審利害。蓋目前雖可攫錙銖之利，而信用一失，其因此而受損者無窮。如英人以商業爲立國之本，坐握宇内商權，雖由其勇於赴利，敏於乘機，具商界特宜之性質，而要其恪守商業道德，有高尚之風，少鄙劣之情，實爲得世界信用之基本焉。蓋英國商人之正直，習以成俗，雖宗教亦與有力，而要亦閱歷所得，知非正直必不足以自立，故深信而篤守之也。索士比亞有言①：正直者，上乘之策略。豈不然乎？

① 索士比亞：今譯「莎士比亞」。

# 下篇

# 第一章 緒論

理論倫理學與實踐倫理學之關係

人生當盡之本務，既於上篇分別言之，是皆屬於實踐倫理學之範圍者也。今進而推言其本務所由起之理，則爲理論之倫理學。

理論倫理學之於實踐倫理學，猶生理學之於衛生學也。本生理學之原則而應用之，以圖身體之健康，乃有衛生學。本理論倫理學所闡明之原理而應用之，以爲行事之軌範，乃有實踐倫理學。世亦有以應用之學，當名之爲術者，循其例，則惟理論之倫理學，始可以占倫理之名也。

理論倫理學與自然科學之同異

理論倫理學之性質，與理化博物等自然科學頗有同異。其以人心之成迹或現象爲對象，而闡明其因果關係之理，與自然科學同。其闡定標準，而據以評判各人之行事，畀以善惡是非之名，則非自然科學之所具矣。

理論倫理學之學理

原理論倫理學之所由起，以人之行爲，常不免有種種之疑問，而按據學理以答之，其大綱如左：

問：凡人無不有本務之觀念，如所謂某事當爲者，是何由而起歟？

答：人之有本務之觀念也，由其有良心。

問：良心者，能命人以某事當爲、某事不當爲者歟？

答：良心者，命人以當爲善而不當爲惡。

問：何爲善？何爲惡？

答：合於人之行爲之理想，而近於人生之鵠者爲善①。否則爲惡。

問：何謂人之行爲之理想？何謂人生之鵠？

答：自發展其人格，而使全社會隨之以發展者，人生之鵠也，即人之行爲之理想也。

問：然則準理想而定行爲之善惡者誰與？

① 鵠：音gǔ，箭靶中心，目標。

答：良心也。

問：人之行爲，必以責任隨之，何故？

答：以其意志之自由也。蓋人之意志作用，無論何種方向，固可以自由者也。

問：良心之所命，或從之，或悖之，其結果如何？

答：從良心之命者，良心贊美之；悖其命者，良心呵責之。

問：倫理之極致如何？

答：從良心之命，實以現理想而已。

倫理學之綱領，不外此等問題，當分別説之於後。

# 第二章　良心論

## 第一節　行爲

良心之作用

良心者，不特告人以善惡之别，且迫人以避惡而就善者也。行一善也，良心爲之大快；行一不善也，則良心之呵責隨之，蓋其作用之見於行爲者如此。故欲明良心，不可不先論行爲。

行爲

動作與行爲之别

世固有以人生動作一切謂之行爲者，而論理學之所謂行爲，則其義頗有限制，即以意志作用爲原質者也。苟不本於意志之作用，謂之動作，而不謂之行爲，如呼吸之屬是也。而其他特别動作，苟或緣於生理之變常，無意識而爲之，或迫於强權者之命令，不得已而爲之。凡失其意志自由選擇之權者，皆不足謂之行爲也。

行爲之原質爲意志

是故行爲之原質，不在外現之舉動，而在其意志。意志之作用既起，則雖其動作未現於外，而未嘗不可以謂之行爲，蓋定之以因，而非定之以果也。

法律與道德之别

法律之中，有論果而不求因者。如無意識之罪戾，不免處罰，而雖有惡意，苟未實行，則法吏不能過問是也。而道德則不然，有人於此，決意欲殺一人，其後阻於他故，卒不果殺。以法律繩之，不得謂之有罪，而繩以道德，則已與曾殺人者無異。是知道德之於法律，較有直内之性質①，而其範圍亦較廣矣。

① 直内：直，值班，值勤。内，宮廷或官衙内裏。《晉書·庾珉傳》：「珉爲侍中，直於省内。」這裏「直内」指管理内心。

意志作用起於欲望

欲望名爲動機

意志現爲行爲

## 第二節　動　機

行爲之原質，既爲意志作用，然則此意志作用，何由而起乎？曰：起於有所欲望。此欲望者，或爲事物所感，或爲境遇所驅，各各不同。要必先有欲望，而意志之作用乃起。故欲望者，意志之所緣以動者也，因名之曰動機。

凡人欲得一物，欲行一事，則有其所欲之事物之觀念，是即所謂動機也。意志爲此觀念所動，而決行之，乃始能見於行爲。如學生閉户自精①，久而厭倦，則散策野外以振之②，散策之觀念，是爲動機。意志爲其所動，而決意一行，已而携杖出門，則意志實現而爲行爲矣。

① 閉户自精：梁任昉《天監三年策秀才文》三首之二：「閉户自精，開卷獨得。」精，原指學問精深，此引申爲精心讀書。

② 散策：扶杖散步。

動機爲行爲之至要原質

行爲之善惡判於動機

夫行爲之原質，既爲意志作用，而意志作用，又起於動機，則動機也者，誠行爲中至要之原質歟！

動機爲行爲中至要之原質，故行爲之善惡，多判於此。而或專以此爲判決善惡之對象，則猶未備。何則？凡人之行爲，其結果苟在意料之外，誠可以不任其責。否則其結果之利害，既可預料，則行之者，雖非其欲望之所指，而其咎亦不能辭也。有人於此，惡其友之放蕩無行，而欲有以勸阻之，此其動機之善者也。然或諫之不從，怒而毆之，以傷其友，此必非欲望之所在，然毆人必傷，既爲彼之所能逆料，則不得因動機之無惡，而并寬其毆人之罪也。是爲判決善惡之準，則當於後章詳言之。

## 第三節　良心之體用

良心與智情意

良心該有智情意

良心起於特別之行爲

人心之作用，蕃變無方，而得括之以智、情、意三者。然則良心之作用，將何屬乎？在昔學者，或以良心爲智、情、意三者以外特別之作用，其説固不可通。有專屬之於智者，有專屬之於情者，有專屬之於意者，亦皆一偏之見也。以余觀之，良心者，該智、情、意而有之，而不囿於一者也。凡人欲行一事，必先判決其是非，此良心作用之屬於智者也。既判其是非矣，而後有當行不當行之決定，是良心作用之屬於意者也。於其未行之先，善者好之，否者惡之；既行之後，善則樂之，否則悔之，此良心作用之屬於情者也。

由是觀之，良心作用，不外乎智、情、意三者之範圍明矣。然使因此而謂智、情、意三者，無論何時何地，必有良心作用存焉，則亦不然。蓋必其事有善惡可判者，求其行爲所由始，而始有良心作用之可言也。故倫理學之所謂行爲，本指其特別者，而非包含一切之行爲。因而意志及動機，凡爲行爲之原質者，亦不能悉納諸倫理之範圍。惟其意志、動機之屬，既已爲倫理學之問題者，則其中不能不有良心作用，固可知矣。

良心有因他人之行爲而起者

良心者，不特發於己之行爲，又有因他人之行爲而起者。如見人行善，而有親愛、尊敬、贊美之作用；見人行惡，而有憎惡、輕侮、非斥之作用是也。

良心之權力

良心有無上之權力，以管轄吾人之感情。吾人於善且正者，常覺其不可不爲；於惡且邪者，常覺其不可爲。良心之命令，常若迫我以不能不從者，是則良心之特色，而爲其他意識之所無者也。

良心每爲妄念所阻

良心既與人以行爲、不行爲之命令，則吾人於一行爲，其善惡邪正在疑似之間者，決之良心可矣。然人苟知識未充，或情欲太盛，則良心之力，每爲妄念所阻。蓋常有行事之際，良心與妄念交戰於中，或終爲妄念所勝者。其或邪惡之行爲，已成習慣，則非痛除妄念，其良心之力，且無自而伸焉。

良心未發達之害

幼稚之年，良心之作用，未盡發達，每不知何者爲惡，而率爾行之，如殘虐蟲鳥之

良心發達因人而異

智情意三者宜并養

屬是也。而世之成人，亦或以政治若宗教之關係，而持其偏見，恣其非行者。毋亦良心作用未盡發達之故歟？

良心雖人所同具，而以教育經驗有淺深之别，故良心發達之程度，不能不隨之而異，且亦因人性質而有厚薄之别。又竟有不具良心之作用，如肢體之生而殘廢者，其人既無領會道德之力，則雖有合於道德之行爲，亦僅能謂之偶合而已。

以教育經驗，發達其良心，青年所宜致意。然於智、情、意三者，不可有所偏重，而舍其餘。使有好善惡惡之情，而無識别善惡之智力，則無意之中，恒不免自納於邪。况文化日開，人事日繁，識别善惡，亦因而愈難，故智力不可不養也。有識别善惡之智力矣，而或弱於遂善避惡之意志，則與不能識别者何異？世非無富於經驗之士，指目善惡，若燭照數計[①]，而違悖道德之行，卒不能免，則意志薄弱之故也。故智、情、意三者，不可以不并養焉。

① 燭照數計：以燭光照之，以數理計之。比喻料事準確。唐韓愈《送石處士序》：「辨古今事當否，論人高下，事後當成敗……若燭照數計而龜卜也。」

## 第四節　良心之起原

人之有良心也，何由而得之乎？或曰天賦之，或曰生而固有之，或曰由經驗而得之。

良心因經驗而發現

天賦之説，最爲茫漠而不可信。其後二説，則僅見其一方面者也。蓋人之初生，本具有可以爲良心之能力，然非有種種經驗，以涵養而擴充之，則其作用亦無自而發現，如植物之種子然。其所具胚胎，固有可以發育之能力，然非得日光水氣之助，則無自而萌芽也。故論良心之本原者，當合固有及經驗之兩説，而其義始完。

進化定例

人所以固有良心之故，則昔賢進化論，嘗詳言之。蓋一切生物，皆不能免於物競天擇之歷史，而人類固在其中。競争之效，使其身體之結構，精卵之作用，宜者日益發達，而不宜者日趨於消滅，此進化之定例也。人之生也，不能孤立而自存，必與其他多數之人，相集合而爲社會、爲國家，而後能相生相養。夫既以相生相養為的，則其於一群之中，自相侵凌者，必被淘汰於物競之界。而其種族之能留遺以至今者，皆其能互相愛護故也。此互相愛護之情曰同情。同情者，良心作用之端緒也。由此端緒，而本遺傳之理，祖孫相承，次第進化，遂爲人類不滅之性質，其所由來也久矣。

同情爲良心作用之端緒

# 第三章　理想論

## 第一節　總論

標準

權然後知輕重，度然後知長短。凡兩相比較者，皆不可無標準。今欲即人之行爲，而比較其善惡，將以何者爲標準乎？曰：至善而已，理想而已，人生之鵠而已。三者其名雖異，而核之於倫理學，則其義實同。何則？實現理想，而進化不已，即所以近於至善，而以達人生之鵠也。

良心爲理想之標準

持理想之標準，而判斷行爲之善惡者，誰乎？良心也。行爲猶兩造，理想猶法律，而良心則司法官也。司法官標準法律，而判斷兩造之是非。良心亦標準理想，而判斷行爲之善惡也。

夫行爲有在内之因，動機是也；又有在外之果，動作是也。今即行爲而判斷之者，將論其因乎？抑論其果乎？此爲古今倫理學者之所聚訟。而吾人所見，則已於《良心論》中言之。蓋行爲之果，或非人所能預料，而動機則又止於人之欲望之所注，其所以達其欲望者，猶未具也。故兩者均不能專爲判斷之對象，惟兼取動機及其預料之果，乃得而判斷之，是之謂志向。

志向

吾人既以理想爲判斷之標準，則理想者何謂乎？曰：窺現在之缺陷，而求將來之進步，冀由是而馴至於至善之理想是也。故其理想，不特人各不同，即同一人也，亦復循時而異。如野人之理想，在足其衣食；而識者之理想，在饜於道義，此因人而異者也。吾前日之所是，及今日而非之；吾今日之所是，及他日而又非之，此一人之因時而異者也。

理想因人而異亦因時而異

理想者，人之希望，雖在其意識中，而未能現之於實在，且恒與實在者相反。及此理想之實現，而他理想又從而據之。故人之境遇日進步，而理想亦隨而益進。理想與實在，永無完全符合之時，如人之夜行，欲踏己影而終不能也。

理想隨境遇而益進

惟理想與實在不同，而又爲吾人必欲實現之境，故吾人有生生不息之象。使人而無理想乎？夙興夜寐，出作入息，如機械然，有何生趣？是故人無賢愚，未有不具理想者。惟理想之高下，與人生品行，關係至巨。其下者，囿於至淺之樂天主義，奔走功利，老死而不變。或所見稍高，而欲以至簡之作用達之，及其不果，遂意氣沮喪，流於厭世主義，且有因而自殺者，是皆意力薄弱之故也。吾人不可無高尚之理想，而又當以堅忍之力向之，日新又新，務實現之而後已，斯則對於理想之責任也。

理想之關係，如是其重也，吾人將以何者爲其內容乎？此爲倫理學中至大之問題，而古來學説之所以多歧者也。今將述各家學説之概略，而後以吾人之意見抉定之。

## 第二節　快樂説

自昔言人生之鵠者，其學説雖各不同，而可大別爲三：快樂説、克己説、實現説，是也。

以快樂爲人生之鵠

以快樂爲人生之鵠者，亦有同異。以快樂之種類言，或主身體之快樂，或主精神之快樂，或兼二者而言之。以享此快樂者言，或主獨樂，或主公樂。主公樂者，又有舍己徇人及人己同樂之別。

身體快樂最爲悖謬

以身體之快樂爲鵠者，其悖謬蓋不待言。彼夫無行之徒，所以喪産業、損名譽，或并其性命而不顧者，夫豈非殉於身體之快樂故耶？且身體之快樂，人所同喜，不待教而後知，亦何必揭爲主義以張之？徒足以助縱欲敗度者之焰，而誘之於陷阱耳。血氣方壯之人，幸毋爲所惑焉。

獨樂不足爲準的

獨樂之説，知有己而不知有人，苟吾人不能離社會而獨存，則其説決不足以爲道德之準的。而舍己徇人之説，亦復不近人情。二者皆可以舍而不論也。

舍己徇人不近人情

以人我同樂爲鵠

人我同樂之説，亦謂之功利主義。以最多數之人，得最大之快樂，爲其鵠者也。彼以爲人之行事，雖各不相同，而皆所以求快樂。即爲蓄財産養名譽者，時或耐艱苦而不辭，要亦以財産名譽，足爲快樂之預備，故不得不舍目前之小快樂，以預備他日之大快樂耳。而要其趨於快樂則一也。故人不可不以最多數人得最大快樂爲理想。

快樂隨人而不同

夫快樂之不可以排斥，固不待言。且精神之快樂，清白高尚，尤足以鼓勵人生，而慰藉之於無聊之時。其裨益於人，良非淺鮮。惟是人生必以最多數之人，享最大之快樂爲鵠者，何爲而然歟？如僅曰社會之趨勢如是而已，則尚未足以爲倫理學之義證。且快樂者，意識之情狀，其淺深長短，每隨人而不同。我之所樂，人或否之；人之所樂，亦未必爲我所贊成。所謂最多數人之最大快樂者，何由而定之歟？持功利主義者，至此而窮矣。

快樂爲道德之效果

蓋快樂之高尚者，多由於道德理想之實現，故快樂者，實行道德之效果，而非快樂即道德也。持快樂説者，據意識之狀況，而揭以爲道德之主義，故其説有不可通者。

## 第三節　克己説①

克己

遏欲

節欲

反對快樂説而以抑制情欲爲主義者，克己説也。克己説中，又有遏欲與節欲之別。遏欲之説，謂人性本善，而情欲淆之，乃陷而爲惡。故欲者，善之敵也。遏欲者，可以去惡而就善也。節欲之説，謂人不能無欲，徇欲而忘返，乃始有放僻邪侈之行，故人必有所以節制其欲者而後可，理性是也。

行爲質於良心

又有爲良心説者，曰：人之行爲，不必別立標準，比較而擬議之，宜以簡直之法，質之於良心。良心所是者行之，否者斥之。是亦不外乎使情欲受制於良心，亦節欲説之流也。

克己非完全之學説

遏欲之説，悖乎人情，殆不可行。而節欲之説，亦尚有偏重理性而疾視感情之弊。且克己諸説，雖皆以理性爲中堅，而於理性之内容，不甚研求，相競於避樂就苦之作用，而能事既畢，是僅有消極之道德，而無積極之道德也。東方諸國，自昔偏重其説，因以妨私人之發展，而阻國運之伸張者，其弊頗多。其不足以爲完全之學説，蓋可知矣。

① 克己説：原作「克己論」，據目録及上下文改。

## 第四節　實現説

快樂説者，以達其情爲鵠者也。克己説者，以達其智爲鵠者也。人之性，既包智、情、意而有之，乃舍其二而取其一，揭以爲人生之鵠，不亦偏乎？必也舉智、情、意三者而悉達之，盡現其本性之能力於實在，而完成之，如是者，始可以爲人生之鵠。此則實現説之宗旨，而吾人所許爲純粹之道德主義者也。

純粹之道德主義

人性何由而完成？曰：在發展人格。發展人格者，舉智、情、意而統一之、光明之之謂也。蓋吾人既非木石，又非禽獸，則自有所以爲人之品格，是謂人格。發展人格，不外乎改良其品格而已。

發展人格

人格之價值，即所以爲人之價值也。世界一切有價值之物，無足以擬之者，故爲無對待之價值①。雖以數人之人格言之，未嘗不可爲同異、高下之比較。而自一人言，

人格價值即爲人之價值

① 對待：對峙，并列。無對待，絶對。

則人格之價值，不可得而數量也。

保全人格之道

人格之可貴如此，故抱發展人格之鵠者，當不以富貴而淫，不以貧賤而移，不以威武而屈。死生亦大矣，而自昔若顔真卿、文天祥輩，以身殉國，曾不躊躇，所以保全其人格也。人格既墮，則生亦胡顔？人格無虧，則死而不朽。孔子曰：朝聞道，夕死可矣。良有以也。

人格以蓋棺論定

自昔有天道福善禍淫之説①。世人以跖蹻之屬②，窮凶而考終，夷齊之倫③，求仁而餓死，則輒謂天道之無知，是蓋見其一而不見其二者。人生數十寒暑耳，其間窮通得失，轉瞬即逝。而蓋棺論定，或流芳百世，或遺臭萬年。人格之價值，固歷歷不爽也。

人格之壽命無限量

人格者，由人之努力而進步，本無止境，而其壽命，亦無限量焉。向使孔子當時

① 福善禍淫：使行善者得福，作惡者受禍。《尚書·湯誥》：「天道福善禍淫。」

② 跖蹻：盗跖、莊蹻。

③ 夷齊：伯夷、叔齊。

爲桓魋所殺①，孔子之人格，終爲百世師。蘇格拉底雖仰毒而死，然其人格，至今不滅。人格之壽命，何關於生前之境遇哉。

發展人格在致力本務

發展人格之法，隨其人所處之時地而異，不必苟同。其致力之所，即在本務，如前數卷所舉，對於自己若家族若社會若國家之本務皆是也。而其間所尤當致意者，爲人與社會之關係。

人格發展必與社會相應

蓋社會者，人類集合之有機體。故一人不能離社會而獨存，而人格之發展，必與社會之發展相應。不明乎此，則有以獨善其身爲鵠，而不措意於社會者。豈知人格者，謂吾人在社會中之品格，外乎社會，又何所謂人格耶？

① 桓魋：春秋時宋國司馬。魋，音tuí。《史記·孔子世家》：「孔子去曹適宋，與弟子習禮大樹下。宋司馬桓魋欲殺孔子，拔其樹。孔子去。」

# 第四章　本務論

## 第一節　本務之性質及緣起

本務有不可爲不可不爲兩義

本務者，人生本分之所當盡者也，其中有不可爲及不可不爲之兩義。如孝友忠信，不可不爲者也；竊盜欺詐，不可爲者也。是皆人之本分所當盡者，故謂之本務。既知本務，則必有好惡之感情隨之，而以本務之盡否爲苦樂之判也。

發展人格不能不異其方法

人生之鵠，在發展其人格，以底於大成。其鵠雖同，而所以發展之者，不能不隨時地而異其方法。故所謂當爲、不當爲之事，不特數人之間，彼此不能强同，即以一人言之，前後亦有差別。如學生之本務，與教習之本務異；官吏之本務，與人民之本務異。均是忠也，軍人之忠，與商賈之忠異，是也。

本務之觀念起於良心

人之有當爲、不當爲之感情，即所謂本務之觀念也。是何由而起乎？曰自良心。良心者，道德之源泉，如第二章所言是也。

良心者，非無端而以某事爲可爲、某事爲不可爲也，實核之於理想。其感爲可爲

本務之節目準諸理想

道德之本務無可解免

本務無强制

者，必其合於理想者也；其感爲不可爲者，必其背於理想者也。故本務之觀念，起於良心，而本務之節目，實準諸理想。理想者，所以赴人生之鵠者也。然則謂本務之緣起，在人生之鵠可也。

本務者，無時可懈者也。法律所定之義務，人之負責任於他人若社會者，得以他人若社會之意見而解免之。道德之本務，則與吾身爲形影之比附，無自而解免之也。

然本務亦非責人以力之所不及者，按其地位及境遇，盡力以爲善斯可矣。然則人者，既不能爲本務以上之善行，亦即不當於本務以下之行爲，而自謂已足也。

人之盡本務也，其始若難，勉之既久，而成爲習慣，則漸造自然矣。或以爲本務者，必寓有强制之義，從容中道者[1]，不可以爲本務，是不知本務之義之言也。蓋人之本務，本非由外界之驅迫，不得已而爲之，乃其本分所當然者耳。彼安而行之者，正足以見德性之成立，較之勉强而行者，大有進境焉。

① 從容中道：謂聖人從容閑暇而能自然而然中乎道。《禮記·中庸》：「誠者，不勉而中，不思而得，從容中道，聖人也。」

法律家之恒言曰：有權利必有義務，有義務必有權利。然則道德之本務，亦有所謂權利乎？曰有之。但與法律所定之權利，頗異其性質。蓋權利之屬，本乎法律者，爲其人所享之利益，得以法律保護之；其屬於道德者，則惟見其反抗之力，即不盡本務之時，受良心之呵責是也。

## 第二節　本務之區别

本務緩急之别

人之本務，隨時地而不同，既如前説。則列舉何等之人，而條别其本務，將不勝其煩，而溢於理論倫理學之範圍。至因其性質之大别，而辜較論之①，則又前數卷所具陳也，今不贅焉。

今所欲論者，乃在本務緩急之别。蓋既爲本務，自皆爲人所不可不盡，然其間自不能無大小輕重之差。人之行本務也，急其大者重者，而緩其小者輕者，所不待言。惟人事蕃變，錯綜無窮，置身其間者，不能無歧路亡羊之懼。如石奢追罪人②，

① 辜較：大概。《孝經・天子》：「蓋天子之孝也。」宋邢昺疏引孔傳：「蓋者，辜較之辭。」又引隋劉炫云：「辜較，猶梗概也。」

② 石奢：春秋楚國相，剛正不阿，見有殺人者，追之，乃其父，釋之而還，報國君。君赦其罪。奢説：「王赦其罪，上惠也。伏誅而死，臣職也。」遂自刎。見《史記・循吏列傳》。

而不知殺人者乃其父；王陵爲漢禦楚①，而楚軍乃以其母劫之。其間顧此失彼，爲人所不能不惶惑者，是爲本務之矛盾，斷之者宜審當時之情形而定之。蓋常有輕小之本務，因時地而轉爲重大；亦有重大之本務，因時地而變爲輕小者，不可以膠柱而鼓瑟也。

① 王陵：西漢名將。高祖劉邦擊項羽，王陵率衆從之。項羽劫王陵之母，欲迫王陵降。陵母乃伏劍自盡。

## 第三節　本務之責任

人既有本務，則即有實行本務之責任。苟可以不實行，則亦何所謂本務？是故本務觀念中，本含有責任之義焉。惟是責任之關於本務者，不特在未行之先，而又負之於既行以後。譬如同宿之友，一旦罹疾，盡心調護，我之本務，有實行之責任者也。實行以後，調護之得當與否，我亦不得不任其責。是故責任有二義。而今之所論，則專屬於事後之責任焉。

本務有實行之責任

夫人之實行本務也，其於善否之間，所當任其責者何在？曰在其志向。志向者，兼動機及其預料之果而言之也。動機善矣，其結果之善否，苟爲其人之所能預料，則亦不能不任其責也。

志向

人之行事，何由而必任其責乎？曰：由於意志自由。凡行事之始，或甲或乙，悉任意志之自擇，而別無障礙之者也。夫吾之意志，既選定此事，以爲可行而行之，則

意志自由

責任與良心之關係

其責不屬於吾而誰屬乎？

自然現象，無不受範於因果之規則，人之行爲亦然。然當其未行之先，行甲乎，行乙乎？一任意志之自由，而初非因果之規則所能約束，是即責任之所由生，而道德法之所以與自然法不同者也。

本務之觀念，起於良心，既於第一節言之。而責任之與良心，關係亦密。凡良心作用未發達者，雖在意志自由之限，而其對於行爲之責任，亦較常人爲寬，如兒童及蠻人是也。

責任之所由生，非限於實行本務之時，則其與本務關係較疏。然其本原，則亦在良心作用，故附論於本務之後焉。

# 第五章　德　论

德之原質賅有智情意三者

## 第一節　德之本質

凡實行本務者，其始多出於勉强。勉之既久，則習與性成。安而行之，自能訢合於本務，是之謂德。

是故德者，非必爲人生固有之品性，大率以實行本務之功，涵養而成者也。顧此等品性，於精神作用三者將何屬乎？或以爲專屬於智，或以爲專屬於情，或以爲專屬於意。然德者，良心作用之成績。良心作用，既賅智、情、意三者而有之，則以德之原質，爲有其一而遺其二者，謬矣。

人之成德也，必先有識别善惡之力，是智之作用也。既識别之矣，而無所好惡於其間，則必無實行之期，是情之作用又不可少也。既識别其爲善而篤好之矣，而或猶豫畏葸，不敢决行，則德又無自而成，則意之作用，又大有造於德者也。故智、情、意三者，無一而可偏廢也。

## 第二節　德之種類

德說之異同

德之種類，在昔學者之所揭，互有異同。如孔子說以智、仁、勇三者。孟子說以仁、義、禮、智四者。董仲舒說以仁、義、禮、智、信五者。希臘拍拉圖說以智、勇、敬、義四者。雅里士多德說以仁、智二者。果以何者爲定論乎？

德有内外兩方面

吾儕之意見，當以内外兩方面別類之。自其作用之本於内者而言，則孔子所舉智、仁、勇三德，即智、情、意三作用之成績，其說最爲圓融。自其行爲之形於外者而言，則當爲自修之德、對於家族之德、對於社會之德、對於國家之德、對於人類之德。凡人生本務之大綱，即德行之最目焉①。

① 最目：總目。漢揚雄《方言》附漢劉歆《與揚雄書》：「求代語、僮謠、歌戲，欲得其最目。」《周禮·天官·小宰》：「聽取予以書契。」漢鄭玄注：「凡簿書之最目，獄訟之要辭，皆曰契。」

## 第三節　修德

良心發現即爲修德之基

修德之道，先養良心。良心雖人所同具，而汩於惡習，則其力不充。然苟非梏亡殆盡①，則良心常有發現之時，如行善而慊，行惡而愧是也。乘其發現而擴充之，涵養之，則可爲修德之基矣。

爲善無分大小

涵養良心之道，莫如爲善。無問巨細，見善必爲，日積月纍，而思想云爲②，與善相習，則良心之作用昌矣。世或有以小善爲無益而弗爲者，不知善之大小，本無定限，即此弗爲小善之見，已足誤一切行善之機會而有餘，他日即有莫大之善，亦將貿然而不之見。有志行善者，不可不以此爲戒也。

① 梏亡：喪失。梏，音gù。《孟子・告子上》：「則其旦晝之所爲，有梏亡之矣。」

② 云爲：言行。《周易・繫辭下》：「變化云爲，吉事有祥。」唐孔穎達疏：「或口之所云，或身之所爲也。」

去惡爲行善之本

既知爲善，尤不可無去惡之勇。蓋善惡不并立，去惡不盡，而欲滋其善，至難也。當世弱志薄行之徒，非不知正義爲何物，而逡巡猶豫，不能决行者，皆由無去惡之勇，而惡習足以掣其肘也。是以去惡又爲行善之本。

改過

人即日以去惡行善爲志，然尚不能無過，則改過爲要焉。蓋過而不改，則至再至三，其後遂成爲性癖，故必慎之於始。外物之足以誘惑我者，避之若浼，一有過失，則翻然悔改，如去垢衣。勿以過去之不善，而遂誤其餘生也。惡人洗心，可以爲善人；善人不改過，則終爲惡人。

悔悟爲去惡遷善之機

悔悟者，去惡遷善之一轉機，而使人由於理義之途徑也。良心之光，爲過失所壅蔽者，至此而復焕發。緝之則日進於高明[①]，煬之則頓沈於黑暗[②]。微乎危乎，悔悟之機，其慎勿縱之乎！

人各有所長，即亦各有所短。或富於智慮，而失之怯懦。或勇於進取，而不善節

① 緝：音jī，積聚。《詩經·周頌·敬之》：「日就月將，學有緝熙于光明。」緝熙，積聚光亮。

② 煬：音yáng，遮蔽。明沈榜《宛署雜記》卷十：「明或煬於近習，而權或溺於嬖佞。」近習，親近的小人。清谷應泰《明史紀事本末·甲申之變》：「君非甚暗，孤立而煬蔽恒多。」

**進德貴於自省**

制。蓋人心之不同，如其面焉。是以人之進德也，宜各審其資稟，量其境遇，詳察過去之歷史、現在之事實，與夫未來之趨向，以與其理想相準，而自省之。勉其所短，節其所長，以求達於中和之境。否則從其所好，無所顧慮，即使賢智之過，迥非愚不肖者所能及，然伸於此者詘於彼，終不免爲道德界之畸人矣。曾子有言，吾日三省吾身。以彼大賢，猶不敢自縱如此，况其他乎？

**自知之難**

然而自知之難，賢哲其猶病諸。徒恃返觀内省，尚不免於失真。必接種種人物，涉種種事變，而屢省驗之；又復質詢師友，博覽史籍，以補其不足，則於鍛煉德性之功，庶乎可矣。

# 第六章　結　論

道德有積極消極之別

獨善君子未可爲完人

人類不可無積極之道德

道德有積極、消極二者。消極之道德，無論何人，不可不守。在往昔人權未昌之世，持之最嚴。而自今日言之，則僅此而已，尚未足以盡修德之量。蓋其人苟能屏去一切邪念，志氣清明，品性高尚，外不愧人，内不自疚，其爲君子，固無可疑。然尚囿於獨善之範圍，而未可以爲完人也。

人類自消極之道德以外，又不可無積極之道德。既涵養其品性，則又不可不發展其人格也。人格之發展，在洞悉夫一身與世界種種之關係，而開拓其能力，以增進社會之利福。正鵠既定，奮進而不已，每發展一度，則其精進之力，必倍於前日。縱觀立功成事之人，其進步之速率，無不與其所成立之事功而增進，固隨在可證者。此實人格之本性，而積極之道德所賴以發達者也。

然而人格之發展，必有種子。此種子非得消極道德之涵養，不能長成；而非經

消極道德必以積極道德濟之

積極道德之擴張，則不能蕃盛。故修德者，當自消極之道德始，而又必以積極之道德濟之。消極之道德與積極之道德，譬猶車之有兩輪，鳥之有兩翼焉，必不可以偏廢也。